楊澄甫

太極拳體用全書

武

出版人語

武術作為中華民族文化的重要載體，集合了傳統文化中哲學、天文、地理、兵法、中醫、經絡、心理等學科精髓，它對人與自然和諧共生關係的獨到闡釋，它的技擊方法和養生理念，在中華浩如煙海的文化典籍中獨放異彩。

隨著學術界對中華武學的日益重視，北京科學技術出版社應國內外研究者對武學典籍的迫切需求，於二〇一五年決策組建了「人文・武術圖書事業部」，而該部成立伊始的主要任務之一，就是編纂出版「武學名家典籍」系列叢書。

入選本套叢書的作者，基本界定為民國以降的武術技擊家、武術理論家及武術活動家，而之所以會有這個界定，是因為民國時期的武術，在中國武術的發展史上佔據著重要的位置。在這個時期，中、西文化日漸交流與融合，傳統武術從形式到內容，從理論到實踐，都發生了巨大的變化，這種變化，深刻干預了近現代中國武術的走向。

這一時期，在各自領域「獨成一家」的許多武術人，之所以被稱為「名人」，是因為他們的武學思想及實踐，對當時及現世武術的影響深遠，甚至成為近一百年來武學研究者辨識方向的座標。這些人的「名」，名在有武術的真才實學，名在對後世武術傳承永不磨滅的貢獻。他們的各種武學著作堪稱為「名著」，是中華傳統武學文化極其珍貴的經典史料，具有很高的文物價值、史料價值和學術價值。

首批推出的「武學名家典籍」校注第一輯，將以當世最有影響力的太極拳為主要內容，收入了著名楊式太極拳家楊澄甫先生的《太極拳使用法》《太極拳體用全書》；武學教育家陳微明先生的《太極拳術》《太極劍》《太極答問》；一代武學大家孫祿堂先生的《形意拳學》《八卦拳學》《太極拳學》《八卦劍學》《拳意述真》。民國時期的太極拳著作，在整個太極拳發展史上佔有舉足輕重的地位。當時的太極拳著作，正處在從傳統的手抄本形式向現代著作出版形式完成過渡的時期；同時也是傳統太極拳向現代太極拳過渡的關鍵時期。這一歷史時期的太極拳著作，不僅忠實地記載了太極拳架的衍變和最終定型，而且還構建了較為完備的太極拳技術和理論體系，而孫祿堂先生的武學著作及體現的武學理念，特別是他首先提出的「拳與道合」思想，更是使中國武學產生了質的昇華。

這些名著及其作者，在當時那個年代已具有廣泛的影響力，而時隔近百年之後，它們對於現階段的拳學研究依然具有指導作用，依然被太極拳研究者、愛好者奉為宗師，奉為經典。對其多方位、多層面地系統研究，是我們今天深入認識傳統武學價值，更好地繼承、發展、弘揚民族文化的一項重要內容。

本叢書由國內外著名專家或原書作者的後人以規範的要求對原文進行點校、注釋和導讀，梳理過程中尊重大師原作，力求經得起廣大讀者的推敲和時間的考驗，再現經典。

「武學名家典籍」校注，將是一個展現名家、研究名家的平臺，我們希望，隨著本叢書第一輯、第二輯、第三輯……的陸續出版，中國近現代武術的整體風貌，會逐漸展現在每一位讀者的面前；我們更希望，每一位讀者，把您心儀的武術家推薦給我們，把您知道的武學典籍介紹給我們，把您研讀詮釋這些武術家及其武學典籍的心得體會告訴我們。

我們相信，「武學名家典籍」校注這個平臺，在廣大武學愛好者、研究者和我們這些出版人的共同努力下，會越辦越好。

導讀

一、出版背景

書籍的物質形態往往帶有時代文化的折射，每本書籍都能找到不同時代的印記。

一九二七年至一九三七年，被一些歷史學者稱為中國思想文化領域的「黃金十年」。著名歷史學家周谷城先生曾說：當時「一段時間裡，中國幾乎變成了世界學術的縮影，各種主義、黨派、學派、宗教紛紛傳入，形形色色，應有盡有……在學術思想界、文化教育界，產生了許多前所未有的代表人物和代表著作，呈現出空前繁榮的景象」。

一九二八年五月，國民政府頒佈《著作權法》和《著作權法施行細則》，其中規定：「凡已註冊之著作物，應於其末幅標明某年月日經內政部註冊字樣，並注明執照號數。」「書籍或其他出版品，應於其末幅記載發行人之姓名、住所，發行年月、版次、發行所及印刷所之名稱及所在地。」

一九三〇年一二月，國民政府頒佈實施了《出版法》，一九三一年一月，由楊澄甫口述、董英傑編著整理的《太極拳使用法》（以下簡稱《使用法》）於文光印書館印製。同年十月，內政部公佈了《出版法施行細則》。

民國時期的出版管理法規從草創到齊備，日趨嚴密，形成了從中央到地方的嚴密網路。據《近現代出版新聞法規彙編》（劉哲民輯，學林出版社一九九二年十二月出版）中統計，南京政府在短短二十三年統治時期，「頒佈關於出版新聞的法令法規達到三百五十餘件，合計四十五萬餘言」。

一九三三年十月，中華書局開始出版《世界名畫集》；南京中國圖書大辭典編輯館印行楊家駱主編的《四庫大辭典》。

一九三四年一月，舒新城主編的《中華百科叢書》開始由中華書局出版，總類為：哲理科學、教育科學、社會科學、自然科學、應用科學、藝術、語文學、文學、史地等十類，全書一百種。同年，中華書局在香港九龍建成印刷廠，印刷設備時稱遠東第一。

楊澄甫的《太極拳體用全書》（出版人語：該書於一九三四年出版時書名為「太極拳體用全書第一集」，但此後並未出版續集，因此太極拳界習慣將此書稱為《太極拳體用全書》，本書亦尊此俗稱。）就是在這提倡國學文化、而出版法令幾近嚴酷的期間面世的。

二、版本流變

1.「初版本」與流變

由楊澄甫口述、鄭曼青整理助編的《太極拳體用全書》（以下簡稱為「初版本」，圖1）於一九三四年二月由上海大東書局印製。

圖1　「初版本」仿真本

書名由被譽為「江南大儒」的錢名山題寫。開卷題詞者共十三人，依次為：蔣中正、吳思豫、蔡元培、張人傑、李煜瀛、吳鐵城、張乃燕、朱慶瀾、張厲生、龐炳勳、耿毅、黃元秀、李屏翰。其後是健侯老先生遺像、少侯大先生遺像和著者楊澄甫像。導言內容為「張真

圖2　「北京版」

人傳」、鄭曼青的「鄭序」、楊澄甫的「自序」和「例言」。正文內容為十三勢體用拳譜和五篇拳論，最後是「版權頁」和有四十處錯誤的「勘誤表」。

一九五七年五月，人民體育出版社根據「初版本」翻印並數次再版《太極拳體用全書》（以下簡稱「北京版」，圖2），該版本為正度三十二開本，橫排繁體字，手描拳架圖。內容刪去了全部題詞、鄭曼青的「鄭序」、楊澄甫的「自序」和「例言」、原「版權頁」，增加了楊澄甫《太極拳之練習談》《太極拳術十要》。

圖3　「天津版」

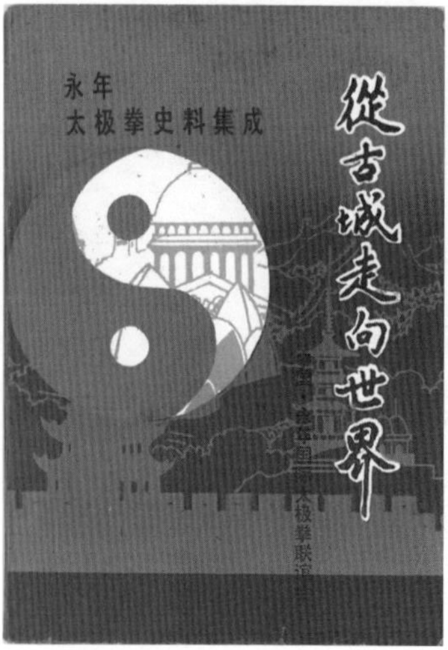

圖4　「韓藏本」封面

一九八九年七月，天津市古籍書店根據「初版本」影印出版了《太極拳體用全書》（以下簡稱「天津版」，圖3），該版本為正度32開本，版心較「初版本」縮小百分之十，並去掉了版心黑框。內容刪去了全部題詞、人像照片、「鄭序」和原「版權頁」，保留了楊澄甫像、楊澄甫「自序」和「例言」及有4處錯誤的「勘誤表」。

一九九三年，永年國際太極拳聯誼會編印了《從古城走向世界——永年太極拳史料集成》一書（圖4），書中選登了韓與民所藏「初版本」中的五人題

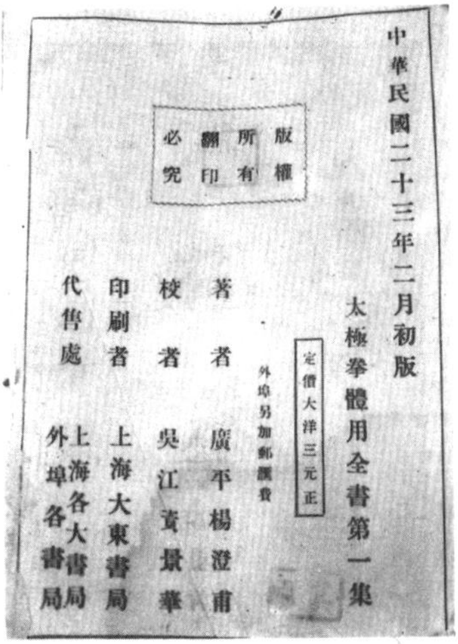
中華民國二十三年二月初版
太極拳體用全書第一集
定價大洋三元正
外埠另加郵匯費
版權所有 翻印必究
著者 廣平楊澄甫
校者 吳江貢景華
印刷者 上海大東書局
代售處 上海各大書局 外埠各書局

圖5　「韓藏版」原版權頁影印

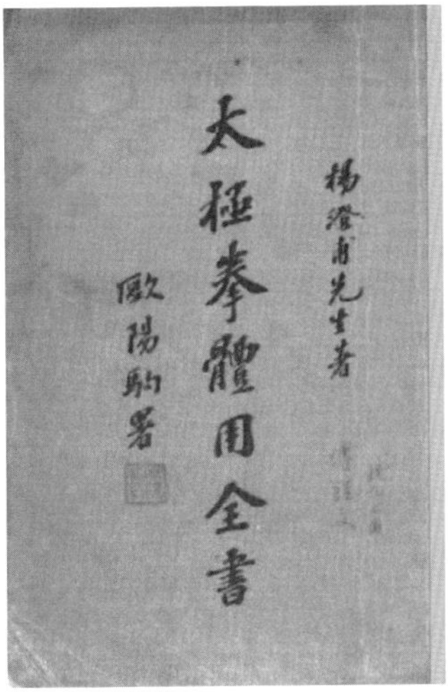

圖6　「再版本」

詞和原「版權頁」照片（以下簡稱「韓藏本」，圖5）共十幅，儘管該書不是正式出版物，照片也並不清晰，但卻使更多以前沒機會見到「初版本」的人，對題詞部分和「版權頁」有了一定的瞭解和認識。

2.「再版本」與流變

一九四八年十月，楊守中根據「初版本」在中華書局香港印刷廠再版了《太極拳體用全書》（以下簡稱「再版本」，圖6），書名去掉「第一集」字樣，由歐陽駒題寫書名。題詞者減少為

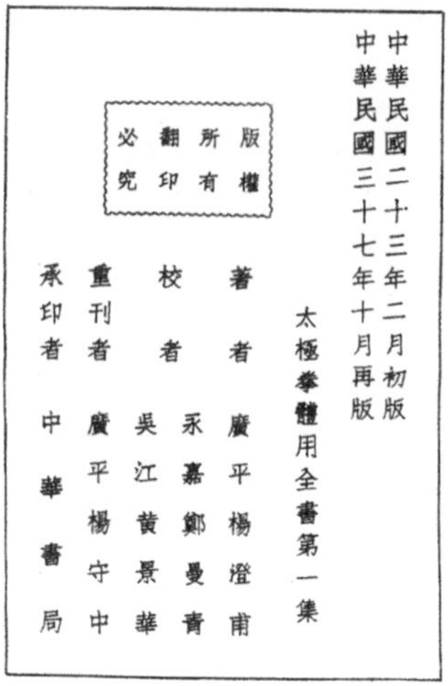
中華民國二十三年二月初版
中華民國三十七年十月再版
太極拳體用全書第一集
版權所有
翻印必究
著者　廣平楊澄甫
校者　永嘉鄭曼青
　　　吳江黃景華
重刊者　廣平楊守中
承印者　中華書局

圖7　「初版本」的版權

八人，依次為：蔣中正、吳鐵城、蔡元培、張厲生、張乃燕、吳思豫、張人傑、龐炳勳。其後是健侯老先生遺像、少侯大先生遺像和著者澄甫先生遺像和增加的楊守中像。內容中增加了楊守中的「重刊太極拳體用全書序」，正文內容不變。「再版本」依據「初版本」的版式重新排版，「版權頁」的內容有所調整（圖7）。

「再版本」在版式上與「初版本」有以下區別：

(1)「初版本」版心高度為一七・三公分，每豎行為三十六字。「再版本」的版心高度為一六・五公分，每豎行為三十四字；

(2)「再版本」去掉了正文版心四周的黑色邊框，僅一條橫波紋線置於版心上方；

(3)「再版本」修正了「初版本」兩種「勘誤表」中所列出的全部字誤；

(4)「再版本」與「初版本」的開本尺寸、用紙和裝訂方式均不同；

(5)「再版本」的「版權頁」與「初版本」的兩款均不同。

一九八六年四月，上海書店根據「再版本」影印出版了《太極拳體用全書》（以下簡稱「上海版」，圖8），該版本為正度三十二開本，版心較「再版本」縮小百分之十，刪掉了全部八人題詞、人像照片、「鄭序」、原「版權頁」和楊守中的「重刊太極拳體用全書序」，保留了「再版本」的其他全部內容。

圖8　「上海版」

二〇〇一年五月，臺灣逸文出版有限公司根據「再版本」翻印出版了

圖9　「台北版」

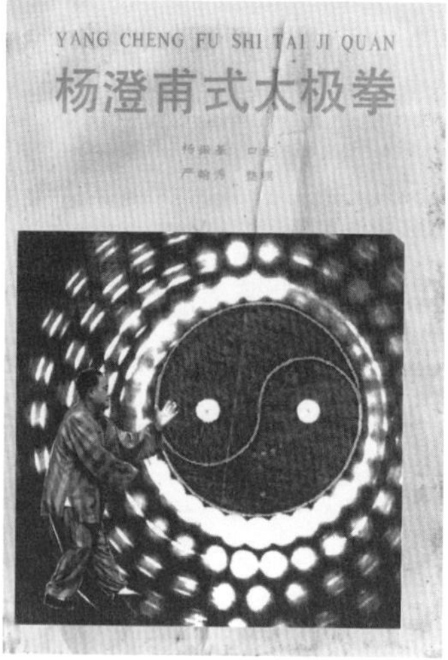

圖10　「廣西版」

《太極拳體用全書》（以下簡稱「臺北版」，圖9），該版本為大度三十二開本，並依照「再版本」的版式進行了重新排版，除版心略有縮小，並刪除原「版權頁」之外，保留了「再版本」的其他全部內容。

一九九三年三月，楊振基口述、嚴翰秀整理的《楊澄甫式太極拳》由廣西民族出版社出版（以下簡稱「廣西版」，圖10），書中附錄二登載了「再版本」的部分影印件，包括楊守中的「重刊太極拳體用全書序」，以及全部九十四式拳架和推手的內容。所有拳照

……扳平直之象，則彼之力既爲我移動。彼之部位亦自不穩矣。

太極拳體用全書

第一節

太極拳起勢

此爲太極拳預備動作之姿勢。立定時。頭宜正直。意含頂勁。眼向前平視。含胸拔背。不可前俯後仰。沈肩垂肘。兩手指尖向前。掌心向下。鬆腰胯。兩足直踏。平行分開。距離與肩相齊。尤要精神內固。氣沉丹田。一任自然。不可牽強。守我之靜。以待人之動。則內外合一。體用兼全。人皆於此勢易爲忽略。殊不知練法用法。俱根本於此。望學者首當於此注意焉。

太極拳體用全書第一章

254

圖11　「再版本」影印照片

周圍有明顯的貼痕，說明已用較為清晰的圖做了相應的替換（圖11）。全部影印頁均為原大，版心尺寸沒經過縮放。

3. 對版本流變的認識

(1)人們對於「初版本」中題詞或部分題詞的認識，來自於「初版本」「再版本」「韓藏本」和「臺北版」。

(2)「初版本」和「再版本」中的「版權頁」，在以後的翻印或影印本中均被刪除。

(3)「初版本」中的「勘誤表」，僅在「天津版」中登載。

(4)人們對於「初版本」中「版權頁」的認識，來自於「初版本」「再版本」和「韓藏本」。

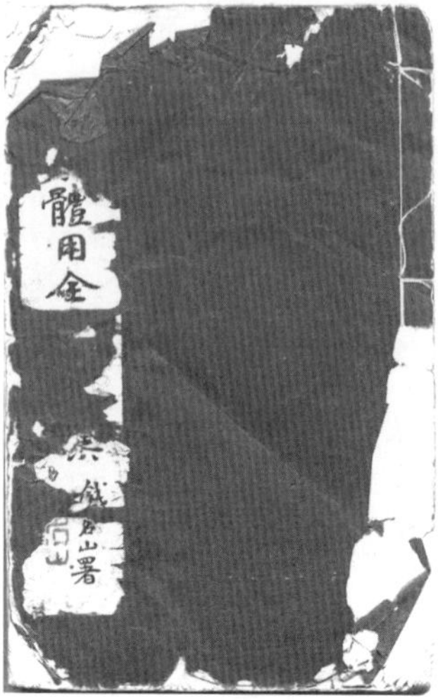

圖12　「黃藏本」

圖13　蔣中正題詞

(5)人們對於「初版本」中「勘誤表」的認識，來自於「初版本」和「天津版」。

從一九三四年「初版本」面世至二〇〇一年臺北版發行的六十七年中，儘管有七種版本流傳於世，但人們對「勘誤表」和「版權頁」所發生的流變仍是陌生的。

三、「初版本」存在兩種版樣和認識分歧的起因

二〇〇四年六月四日，上海男高音歌唱家戚長偉先生將自己收藏近三十

圖14　吳思豫題詞

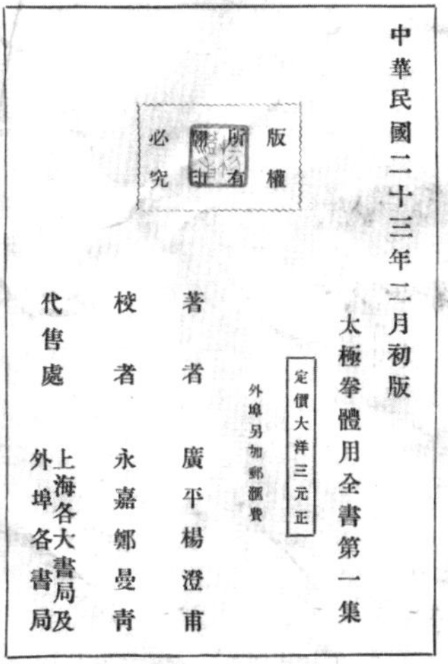
中華民國二十三年二月初版
太極拳體用全書第一集
定價大洋三元正
外埠另加郵滙費
版權所有
翻印必究
著者　廣平楊澄甫
校者　永嘉鄭曼青
代售處　上海各大書局及外埠各書局

圖15　「黃藏本」版權

年的「初版本」贈與馬來西亞柔佛巴魯永年太極拳教練黃建成收藏（以下簡稱「黃藏本」，圖12）。

不久，黃建成先生撰寫了「楊澄甫原著之謎」（以下簡稱《之謎》）一文，文中提出「初版本」是否存在兩個版本的疑問：

(1)與「韓藏本」不同的是，「黃藏本」的題詞者為十一人，缺少蔣中正（圖13）和吳思豫（圖14）的墨蹟。

(2)「黃藏本」中「版權頁」的校者為「永嘉鄭曼青」（圖15），「韓藏本」中「版權頁」的校者為「吳江黃景華」

（圖16），與「中華民國二十三年二月初版」的出版日期相同。

為此，黃建成先生認為，瞿世鏡先生在《楊氏太極是一家》及其他有關文章中力捧其恩師黃景華參與整理該書，這其中一定有不為人知的「奧妙」，並假設「……顯然是有人在第一次印刷時欺世盜名將自己名字印上，令楊澄甫老師不滿而作第二次的印刷，恢復校者鄭曼青的名字」。

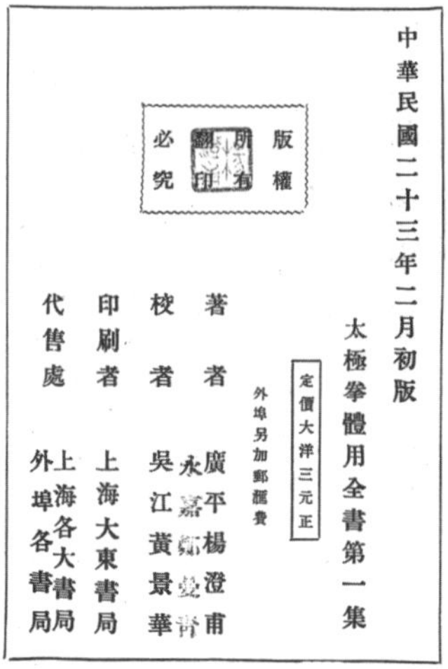
中華民國二十三年二月初版
太極拳體用全書第一集
定價大洋三元正
外埠另加郵匯費
版權所有
必究
著者 廣平楊澄甫
永嘉鄭曼青
校者 吳江黃景華
印刷者 上海大東書局
代售處 上海各大書局 外埠各書局

圖16　「韓藏本」版權

總結黃建成先生之觀點：這兩個不同的版本均為印刷原版本，「韓藏本」為第一次印刷，「黃藏本」為第二次印刷。

二〇〇八年八月，路迪民先生撰寫了《〈太極拳體用全書〉版本考證》（以下簡稱《考證》）一文，文中指出：「從原件的收藏和傳遞情況看，我們沒有理由懷疑永年（指「韓藏本」）和黃建成的任何一個版本是假的，因此只能認為，《太極拳體用全書》的初版可能印過兩次。」至於兩個版本孰前孰後，路迪民先生依據的是以題詞者多少為準，給出「馬來西亞藏本（指「黃藏本」）是第一次印刷的，永年藏本（即「韓藏本」）是第二次印刷的」的結論。

圖17　「楊氏太極兩岸一家」封面

路迪民先生與黃建成先生的結論相反，黃建成先生的結論源自「版權頁」上「校者」的變異，而路迪民先生的結論出自題詞者的多寡。

二〇〇九年，瞿世鏡先生在臺北出版了《楊氏太極兩岸一家》一書（該書在二〇一一年十二月由上海古籍出版社再次出版。以下簡稱《一家》，圖

17），其中第十四章「《太極拳體用全書》謎底何在？」中，對「黃藏本」中校者「永嘉鄭曼青」，「試作兩種可能性推理：其一，如今電腦技術何等發達，偽造一張版權頁，以假亂真，豈非輕而易舉？其二，老夫曾聞吾師言及，當年……多次前往大東書局校對，頗費周折，而大東書局送來之樣書錯誤百出，最後定稿之文本雖經勘誤，卻將曼青師伯大名遺漏，不得不用紅色印泥為其加蓋印章」，其意為「黃藏本」的「版權頁」涉嫌造假之疑，而「初版本」「將曼青師伯大名遺漏」，為「大東書局送來之樣書錯誤百出」所致。並指出「黃先生提供之版權頁影本，並無大東書局名號，此乃正式出版前之校樣也！」

隨著「韓藏本」的披露和「黃藏本」的出現，「初版本」在面世了七十年後，由於題詞數量和「版權頁」中「校者」姓名不同，由此開始在圈內引發了種種思考和猜測，不同觀點的論述亦隨之鵲起。

二〇一〇年九月二十八日，筆者偶得李立群先生所藏「初版本」的

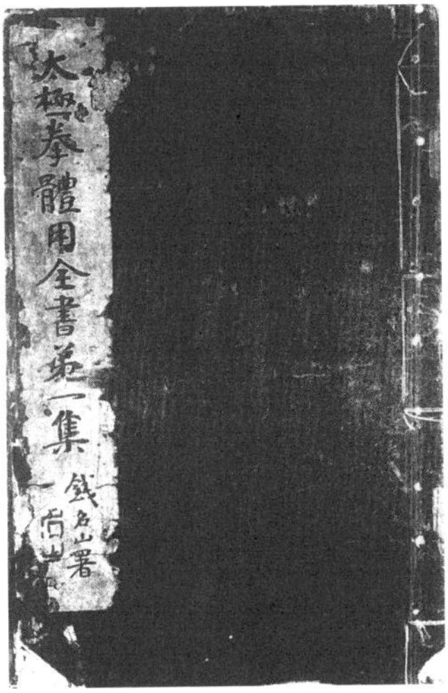

圖18　「李藏本」

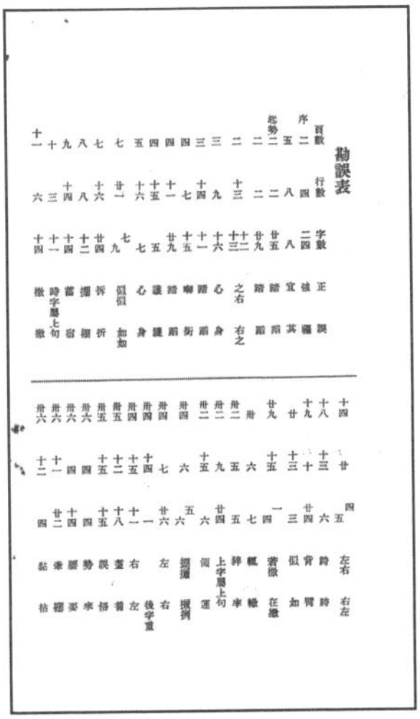

勘誤表

頁數	行數	字數	正	誤
序二	四	二四	強	彊
五	八	八	宜	其
起勢二	二	廿五	踏	蹈
二	二	廿九	踏	蹈
二	十三	十三 十二	之右	右之
三	九	十六	心	身
三	十四	十一	踏	蹈
四	七	十五	啣	銜
四	十一	廿九	踏	蹈
四	十五	五	謙	謙
五	十六	七	心	身
七	廿一	九 七	似似	如如
七	十六	廿四	拆	折
八	八	十二	擱	棚
九	十四	十四	當	宿
十	三	十一	時字屬上句	
十一	六	十四	撤	撒
十四	廿	四五	左右	右左
十八	十三	六	胯	跨
十九	十	廿四	背	臂
廿	十三	三	似	如
廿九	十五	一四	者撤	在撒
卅	六	七	輕	輪
卅二	五	五	摔	牽
卅二	九	廿四	上字屬上句	
卅二	十五	六	個	運
卅四	六	五六	擱擺	擺擱
卅四	七	廿六	左	右
卅四	十四	一		後字重
卅四	十五	十一	右	左
卅五	十二	十八	蓋	着
卅五	十五	十五	誤	悟
卅六	四	四	勢	來
卅六	四	十四	腰	要
卅六	十一	廿二	牽	摺
卅六	十二	四	粘	拈

圖19　「李藏本」勘誤

複印本（以下簡稱為「李藏本」，圖18）。該藏本複印清晰，保存完好，題詞者為十三人。

同年十月二十三日，筆者在博客上發表《楊澄甫〈太極拳體用全書〉七種版本概況》一文，文中認為「光是在初版題詞人的多少、著者校者的身份確定等方面來探討初版究竟印刷了幾次，應該不是正確的入門途徑」。並提出從「李藏本」和「天津版」兩種不同的「勘誤表」（圖19、圖20）入手，「那麼初版印刷過多少次，哪個版本是初版的第幾次印刷也就迎刃而解」的看法。

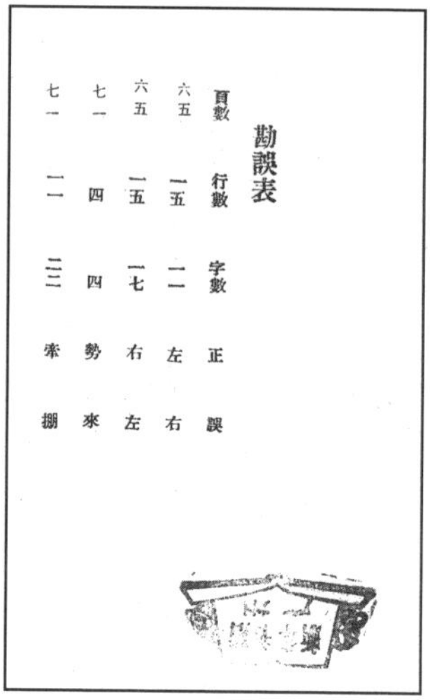
勘誤表

頁數	行數	字數	正	誤
六五	一五	二一	左	右
六五	一五	一七	右	左
七一	四	四	勢	來
七一	二一	二三	牽	掤

圖20　「天津版」勘誤

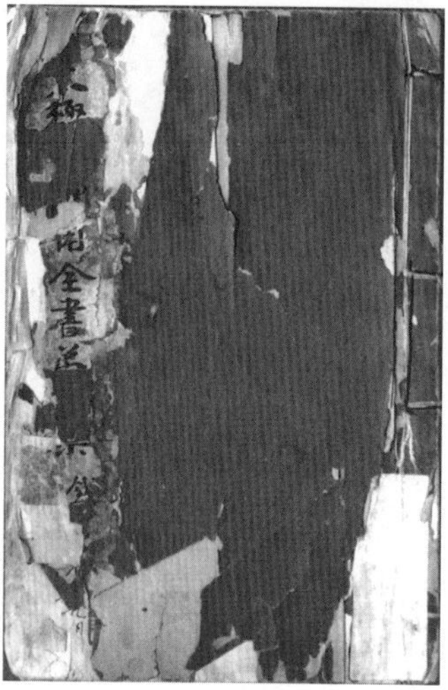
圖21　「邵藏本」

二〇一一年一月十六日，筆者在博客上發表《「原版書」、「原版樣書」及其他——楊澄甫〈太極拳體用全書第一集〉版本辨析》一文，文中根據當時的出版法規背景和本人在印刷廠工作期間的經驗，針對題詞、「版權頁」和「勘誤表」的異同，提出題詞數不一之原因的看法，並與瞿世鏡先生的結論相同，確定「黃藏本」為校對用樣書。

無獨有偶，二〇一一年九月，筆者又偶得與「黃藏本」同一版式的「初版本」（以下簡稱「邵藏本」，圖21），題詞者為十一人。於是，筆者把全本進行掃描後，發給始終關注此事的二水居士鑒別。

同年十一月二十七日，翟金錄先生、唐才良先生和二水居士等人在金仁霖老師家觀審了「邵藏本」之原件。

二〇一一年十一月二十八日，唐才良先生給筆者發來《試析〈太極拳體用全書〉初印版之迷》的初稿（以下簡稱《試析》），文中提出「邵藏本」和「黃藏本」並非勘誤定稿前的樣書，而是第一次小批量印刷的「原始版本」，是作為「初次印刷物」的「內部刊物」。

行文至此，我們不妨把上述不同觀點做個梳理：

(1)從「勘誤表」來看，「黃藏本」「邵藏本」和「天津版」所標出的錯誤僅為四處，而在「李藏本」中所標出的錯誤多達四十處。從「勘誤表」所載的錯誤數量上來看，「黃藏本」「邵藏本」和「天津版」應當為第一次印刷，而「李藏本」「韓藏本」則為第二次印刷。理由是，在校對時，發現錯誤的概率只會增多，而不可能越校越少。

這與路迪民先生從題詞者多少的角度而給出的結論相同。

(2)從「版權頁」來看，「黃藏本」「邵藏本」的「校者」同為「永嘉鄭曼青」，而在「韓藏本」和「李藏本」中，「校者」卻為「吳江黃景華」。因此，黃建成先生給出的看法與上述結論恰恰相反：「黃藏本」「邵藏本」當為第二次印刷，「韓藏本」「李藏本」則為第一次印刷。

黃建成先生的結論，恰恰忽視了一個不應該忽視的問題，即為什麼會在第二次印刷時，會剔除蔣中正和吳思豫的題詞？

(3)從題詞者多少來看，「黃藏本」「邵藏本」的題詞者中缺少蔣中正、吳思豫，為十一人；「韓藏本」「李藏本」則為十三人。因此，缺題詞者的「黃藏本」「邵藏本」當為第一次印刷，而「李藏本」「韓藏本」則為第二次印刷。

這與路迪民先生給出的結論相同。

(4)從表面上看，《之謎》和《考證》的「兩次印刷」結論都沒錯，但是兩個不同版本的「兩次印刷」孰前孰後的問題，在「版權頁」和「勘誤表」面前，顯然都相互解釋不通。

那麼，「黃藏本」「邵藏本」究竟是「校對樣書」還是「正式印品」，又糾結成一個不解之謎。

(5)謎上加謎的是，唐才良先生在《試析》一文中關於「黃藏本」「邵藏本」是「內部刊物」之說（這裡有個值得糾錯的用詞，「刊物」是指期刊，「初版本」為書，應稱之「內部書籍」為妥，以下應用時改稱「內部書籍」）。

至此，「初版本」為什麼會有兩種面孔？究竟印過幾次？兩個版本的印刷孰前孰後？是「正式印品」，還是「校對樣書」，抑或是「內部書籍」？

這些問題被攤上了桌面，所持的不同觀點亦已擺明，對它的研究似乎與版本學沾上了邊。

雜。

四、從「勘誤表」的剖析，來認識「初版本」兩種版本之謎

從兩種「勘誤表」來看兩款「初版本」的印製先後，其實並不複雜。

圖20的「勘誤表」為「黃藏本」「邵藏本」和「天津版」所附，所標出的錯誤為四處，圖19的「勘誤表」為「李藏本」所附，所標出的錯誤多達四十處。綜前所說，校出文字錯誤更多的「勘誤表」肯定是印刷在後，而不會是先行校對的結果。

而真正的問題在於，僅為四處有錯的勘誤是誰校對的？為什麼僅校對出四處？如果不瞭解印刷工序全部流程，那就根本沒有可能找到答案。筆者年輕時曾在包括中華印刷廠在內的三家印刷企業的打樣車間和生產、技術管理部門工作過，要回答上述問題之前，有必要簡單介紹一下從排版到校樣的過程。

當書稿制定開本、劃出版樣後，第一道工序就是排字，經過排版後就進入打樣工序，在打樣機上列印出樣張後，先由廠方校對人員進行初校，亦稱「毛校」或「內校」。「內校」是以客戶提供的原稿作為依據，對排版的文字是否有錯而進行校對。原稿即使存在明顯錯誤，校對人員也不作更改。根據校對人員的校對結果，打樣出一頁「勘誤表」附後，再進行折頁、裝訂等工序，製成與成品規格要求相同的樣書數本，供委印方校對。

由此可見，僅有四處錯誤的「勘誤表」為排版工序的校對人員所校，因此可以看出，另外的三十餘處則源自原稿本身的文字錯誤。

至於樣書的數量，一般供委印方校對的樣書是五到六本，如果委印方事先有增加樣書的具體要求，數目則就不可確定了。正式印刷時，把委印方所校出的錯誤一併排版在「勘誤表」中，這也就是存在兩種「勘誤表」的原因所在。

在當時手工鉛字排版的條件下，逐一修改錯字相當繁難，要經過融鉛、鉛排、澆鉛整合等工序，尤其是對於圖文混合的版面來說，更具有一定的複雜性。因此，在民國時期直至新中國成立初期出版的書籍中，後附「勘誤表」的情況比比皆是。

綜上所述，我們可以得出如下定論：「黃藏本」「邵藏本」和「天津版」的原稿並非是唐才良先生所認為的「內部書籍」，而是供「內校」「外校」所用的「校對樣書」，而「李藏本」「韓藏本」的屬性則為「正式印品」無疑。因此也就解開了「初版本」所謂有過「兩次印刷」的誤判。

五、關於兩幅遲到題詞的探索

按前文所分析，在「校對樣書」中，題詞者為十一人，在「正式印品」中，增加了蔣中正和吳思豫，題詞者為十三人，值得質疑的是，為什麼在「校對樣書」中沒有這兩人的題詞？這兩幅題詞又是何時完成的？

路迪民先生在《考證》一文中寫道：「筆者從另一個角度也可以斷定，蔣介石的題詞絕對是在初版前後得到的。因為保存再版的人都肯定再版中有蔣介石題詞……」，這個斷定沒錯，只是不具說服力。

金仁霖老師在《我所知道的〈太極拳使用法〉和〈太極拳體用全書〉的編寫經過》一文中所說「楊澄甫老師又把《太極拳體用全書第一集》的編寫定稿任務交給了鄭曼青先生」的時間是「一九三二年二月十日……大年初五」。在這段話裡需要指出的是，楊澄甫交給鄭曼青的其實並非「定稿」，而就是《太極拳使用法》的初稿。至於鄭曼青整理編輯文字用了多長時間，以及又在何時把全部資料送達大東書局，這就不得而知了。

從「初版本」的稿件開始整理的時間，到出版面世的時間，均有以下資料可以確定：根據以上金仁霖老師所述，楊澄甫把《太極拳體用全書》的編寫整理任務交給鄭曼青的時間是「一九三二年二月」。鄭曼青在《鄭子太極拳十三篇》（以下簡稱《十三篇》）的「自序」中記載：「『初版本』『此蓋由余與同門匡克明之請，於二十三年五月，得以刊行。』綜上所述，「初版本」正式啟動的時間為一九三二年二月十日，正式發行面世的時間為一九三四年五月。

在「初版本」的題詞者中，我們能在落款中見到題詞時間的，一個是當時擔任全國航空建設委員會委員的朱慶瀾，他題詞的落款日期為「中華民國二十二年十一月」，即一九三三年十一月。另一個是在浙江軍政諸界享有很高的聲譽的黃元秀，他題詞的落款日期為「癸酉秋月」，即一九三三年秋季。他們兩人的題詞在「校對樣書」中已經列入。由此可見，「初版本」中所載入的十一幅題詞，在一九三三年十二月之前均已送達。

根據上述資訊資料，「初版本」的印製時間大致可作如下推算：

一九三二年三月～一九三三年十二月：鄭曼青整理編輯「初版本」文字；

一九三三年十二月～一九三四年一月：「初版本」向國民政府內政部申報並完善准印及出版手續；

一九三四年二月～三月上旬：進入開本版樣制定、排字、照相製版、拼版、打樣、製作「校對樣書」和內校程序；

一九三四年三月中旬～三月下旬：由楊家進行校對；

一九三四年四月上旬～一九三四年五月上旬：印刷，裝訂成書；

一九三四年五月中旬，「初版本」正式發行，進入書鋪、書坊實行銷售。

現在我們就可以回到兩幅遲到題詞的問題上來說事了。上面說過，一九三四年二三月間，「初版本」進入開本版樣制定、排字、照相排版、拼版、打樣、製作「校對樣書」和內校流程，在這段時間裡，除蔣、吳兩幅題詞之外的十一幅題詞肯定已經送達。而蔣、吳兩幅題詞何時送達則有兩種可能，一是已經送達但沒有在「校對樣書」上刊出（這種情況從情理上應該是不會出現的）；二是可能兩幅題詞此時並未送達，而送達的時間，最遲應該不晚於「正式印品」正式開印之前。至於這兩幅題詞何以會遲送乃至錯過在「校對樣書」上刊出，個中原因怕已無人知曉了。

六、關於「內部憑證」和「內部書籍」之說的剖析

1.「內部發行」和「內部書籍」不能成為法律依據

唐才良先生《試析》中說：「初印的小批量書不作發行銷售，只作『內部書籍』，即使不標明承印發行商——上海大東書局，也不至於違

反出版法。而且，蓋上了楊澄甫的私章，已能明確宣告權利和責任。」這種說法顯然只是一廂情願的臆想，也是對當時的「出版法」缺乏瞭解所致，是否違反「出版法」，還是由「出版法」說了算，任何大師也沒可能用私印代替法律，而凌駕於政府之上。

一九三〇年十二月十六日，國民政府公佈了第一部「出版法」，第一章「總則」的第一條即規定：「本法稱出版品者，謂用機械或化學之方法所印製，而供出售或散佈之文書、圖畫。」第三章「書籍及其他出版品」第十六條規定：「書籍或其他出版品，應於其末幅記載發行人之姓名、住所、發行年月日及印刷所之名稱及所在地。」國民政府時期公佈的三百五十餘件關於出版新聞印刷的法規中，除了禁書，均無允許「內部發行」施行的法律條款。

所謂「內部發行」或「內部書籍」，當是新中國成立後公佈的《內部資料性出版物管理辦法》中「內部資料性出版物」一詞衍生出來的新名詞，彼時尚無此概念。

2.「內部發行」和「內部書籍」說法的由來之查證

根據上文的分析結論，要否定「校對樣書」是「內部刊物」的說法就不難了。

唐才良先生在《試析》一文中認為「校對樣書」是「內部刊物」的理由，來自《永年太極拳志》第六〇〇頁：「一九三一年一月經弟子董英傑協助整理，著《太極拳使用法》一書，由文光印務館印刷，屬內部發行，是為楊氏同門之憑證。」因此，唐才良先生認為：「那麼在《太極拳使用法》基礎上重新整理的《太極拳體用全書》，就不能用作〈楊氏同門之憑證〉嗎？」

其實，凡是仔細讀過楊澄甫拳書的人，就不難看出《永年太極拳志》的這段文字的源頭出自《太極拳使用法》第一四四頁，原文為：

「有此太極拳書，即為證書，書皮裡可寫本人姓名，知是楊傳同志。」細細品之，這段帶有廣告推銷的文字其意為：「凡得到了《太極拳使用法》，並在扉頁裡寫上本人姓名的，就可以證明是喜歡楊澄甫太極拳的同道。」與原文對照，可見《永年太極拳志》的這段文字是曲解了原文的。為什麼這樣說呢？

其一，「憑證」和「證書」皆指機關、學校或團體等所簽發的證明資格或權力的文件，諸如榮譽證書、會員證書、身份證、駕駛證、出生證、畢業證、記者證等等。此類證書發放對象的姓名等相關資料，均由發放者填寫，而非受證人所私自填寫，這是一般常識。

其二，從《太極拳使用法》的「版權頁」來看，均注明有著者、編述者、發行者、印刷者，定價為實洋三元，以及出版時間和版次等出版物應有完備之資訊要素，因此不難認定該書為正規出版物。

吳文翰先生在《楊澄甫式〈太極拳使用法〉和〈太極拳體用全

圖22　「邵藏本」

書》》（《武魂》二〇〇四年第一期）一文中說：「《太極拳使用法》出版後，據說因『文字俚俗』，楊氏曾將書鋪未售出之書收回焚毀，故原版書流傳不廣。」

筆者曾在金仁霖老師家翻閱並拍攝過他所收藏的《太極拳使用法》，書中除了有金老師的「五五年一月二十三日得於昭通路舊書攤」字樣和簽章，並無原持有者的簽名（圖22）。金老師當時曾說「他還曾買到過數本」。在《為〈楊式太極是一家〉補漏正誤》（《武林》二〇〇二年第1期）一文中，金仁霖老師寫道：「其實，《太極拳使用法》這本書既經上市，已分發到各銷售店裡的書，是無法再全部收回來銷毀掉的。一九五五年一月二十三日，我在河南中路商務印書館南側的昭通路上，就曾買到過簇新的一本，編號是00893，這本書我至今還保存著。同年不久，又在這條路上買到紙色略為泛黃的一本，此書後來為吳壽康老師兄索去。

版權頁中印有「代售處：中華書局及各大書坊」的字樣，能在「書鋪」和「各大書坊」公開出售的書籍，當無「內部」可言。

如果《太極拳使用法》真是用於作為「內部」的「憑證」，楊府應該先把書籍如數運回，再從楊府向學生收費並逐一發放，而不是在「書鋪」或「書坊」公開銷售。

說清了《太極拳使用法》的出版屬性，也就明確了該書並非用於「楊氏同門之憑證」的「內部書籍」，但還有幾個問題讓筆者不解：金仁霖老師所藏《使用法》的「版權頁」上，有用藍色號碼蓋上「00893」的編號（這也許與被誤認為「憑證」「證書」一說有關），但目前存世的這批《使用法》其他藏本，是否也有這種編號？這種編號有何意義？這些問題尚祈高明解惑。

七、關於「初版本」「版權頁」存在的異同之剖析

1.民國時期「兩次印刷」書籍的版權例證

黃建成先生、路迪民先生和唐才良先生在關於「初版本」探究的相關文章中，都依據題詞者多少和「版權頁」變異的問題，就事論事地提出了存在「兩次印刷」之說。

這裡仍需明確一些出版術語的概念：兩次印刷，是指對同一本書的第二次出版，也稱第二次印刷，其印刷分為「再版」和「重印」。「再版」是指利用原有的紙型、圖版或底片再次印刷。如再版時，著作權人有所修改，出版者也在版本種類上進行過改變的，就稱修訂版。再版的圖書，必須使用新書號，在版權頁中注明再版的時間與數量的相關資訊；「重印」是指將已出版的圖書，不做任何改變而重新印刷。再版的

圖書照原樣再印或略作小的改動直接印刷即可，在版權頁中注明重印的時間與數量資訊。

「初版本」如果真是經過「兩次印刷」，應該是屬於「再版」，那麼在「再版」時是否需要在「版權頁」上有所反映呢？就這個問題，下面以幾款武學著作為例做一說明。

在「初版本」出版之前：許禹生所著《太極拳勢圖解》的「版權頁」中注明「中華民國十年十二月初版、中華民國十四年五月再版」；姜容樵、姚馥春所著《太極拳講義》的「版權頁」中注明「中華民國十九年出版、中華民國二十年再版」；馬永勝所著《新太極拳書》的「版權頁」中注明「中華民國二十年十月再版」；等等。

與「初版本」出版時間相近的：余化行所著《太極拳全書》的「版權頁」中注明「中華民國二十三年九月初版、中華民國二十五年四月再版」；

吳志青所著《六路短拳圖說》的「版權頁」中注明「中華民國三十年八月再版」；

李壽籛所著《武當嫡派太極拳術》的「版權頁」中注明「中華民國三十三年九月初版、中華民國三十五年十一月再版、中華民國四十年十一月三版、中華民國四十四年八月四版」；等等。

經由上述例證，我們可以清楚地看到，當時凡經過「兩次印刷」的出版物，在「版權頁」上均已反映出應有的合法資訊。作為「初版本」來說，根本沒有可以由合法途徑，而去出版不合法之著作的必要。假如「初版本」真有印過兩次，那麼所謂的「第二次印刷」本也就應該在「版權頁」上注明具體再版日期。

唐才良先生在《試析》一文中提出異議說：「如果說它倆都是『勘誤定稿前之樣書』，而樣書一般只有二三本，至多三五本。那麼，數十年歲月滄桑，人間幾經劫難，尤其經歷『文革』之後，竟在不同的地方，還能發現了兩本『校樣』，太奇蹟了。這真是大海能撈針，但出現這種奇蹟的概率實在太小。」

對於樣書一般「三五本」之說固然不錯，如果明白「外校」多則要經過三校的程式，那麼，有十五本之多的校對樣書存世就不足為怪了。前面說過，委印方事先可以提出增加校對樣書的數量要求，那麼，負責「初版本」「校對勘誤」的黃景華先生向大東書局提出用於校對的樣書數量究竟是多少，則不為人知了。

記得當年，我在中華印刷廠當打樣工的時候，出版社負責《關良畫冊》（具體書名已不記得，畫冊內容是關良所畫的戲劇人物）印製的人，向我提出多做十本樣書的要求，照相製版工段的幾個好友也讓我多做數本以收藏玩賞，這本畫冊的樣書做了五十多本。在印刷廠，打樣工多做樣書是常事，尤其是如《馬駘畫寶》（至今我還藏著）之類的影印版圖書，多做一二十本根本不足為怪。

至於「尤其經歷『文革』之後，竟在不同的地方，還能發現了兩本『校樣』，太奇蹟了……」的疑問，其實也很正常，「校對樣書」中因為缺失蔣介石題詞，因此容易躲過一劫。

今日所能見到為數不多的「初版本」，不也正是因為收藏者撕了蔣介石題詞頁才得以留存嗎？

隨著文化收藏熱的升溫，唐宋以後的各種珍稀善本不時浮出水面，進入交易市場，就像上海的地震概率很小，但也已經發生了數次一樣，「小概率」成為大可能已經不算稀罕。「初版本」出版發行時間僅八十年，況且，楊家當時都在上海，該書也是在上海大東書局印製的，因此，能在上海出現兩本「校對樣書」，也談不上是什麼「奇蹟」。

筆者於二〇一一年七月在吉林延吉購得乾隆年間張志聰集注的《黃帝內經》刻本，這應該不算「奇蹟」；

筆者於二〇一〇年九月二十八日和二〇一一年九月二十九日分別

購得「李藏本」和「邵藏本」也應該不算什麼「奇蹟」，不可思議的倒是這兩個藏本差點在不同年份的同月同日得到，從愛好和收藏的角度來看，僅是用心加運氣而已。

2.「版權頁」中「印刷者」從無到有的異變之剖析

若要解開「初版本」是否印過兩次之謎，除了在「勘誤表」上入手之外，「版權頁」上的「印刷者」一項應該也是解謎的關鍵，這裡還是要依託當時的歷史背景來做論證。

二十世紀三〇年代初，上海印刷業處在崛起時期，中華書局、大東書局、世界書局及其他的印刷廠在一九一二年後相繼成立，上海印刷業開始興旺。到二〇～三〇年代，大批出版機構開業，同時，像一些在日後較有影響的印刷機構如美成印刷廠、藝文印刷局、徐勝記、三一、華一、中西、大業、天一、華勝印刷公司等也紛紛創辦，上海印刷業進入第一個鼎盛時期。

大東書局於一九一六年由呂子泉、王幼堂、沈駿聲、王均卿合資創辦，資本三萬元。書局成立時的規模小於商務印書館和中華書局，有員工三百餘人，是當時上海少數能同時印製書刊、商務用紙品和印花稅證、鈔票的印刷廠之一。門市部初設在福州路晝錦里口，後移至福州路一一〇號。印刷所先後設在蒙古路森康里和北西藏路公益里。

一九二四年改組為股份有限公司，資本增至十萬元。一九三一年總店遷到福州路山東路口三一〇號。後日本發動侵華戰爭，一九三二年，在「一•二八」事變中，地處閘北的商務印書館的印刷總廠、美成印刷廠等均毀於日軍炮火，上海印刷業由此開始接連遭到嚴重破壞，此後一直處於轉移搬遷等動盪不安的蕭條境地。

而在此時，大東書局的資本卻增至六十萬元，印刷所也一再遷徙，一九三三年曾設址牯嶺路一〇一號，一九三四年又遷到北福建路二號，並先後合併了上海大東橡皮印刷公司、別美彩色照相製版公司、龍飛印刷公司等，逐步發展成為鉛印、膠印、凹印、製版和裝訂幾大工段齊全的全能印刷廠。

當時，許多印刷機構在印刷設備遷移後，由於地平或調試等問題而引起運轉不穩定的狀況經常發生，因此，把未能繼續完成的印單轉讓給其他印刷廠繼續完成也是常有之事。「初版本」的印製，正是處於大東書局一再搬遷的時候。

可以假設，正是由於頻繁搬遷，或搬遷後機械設備尚未調試到位，而未能最後確定能否在本廠完成對「初版本」的印刷時，大東書局才在版權頁中不署印刷者名，直至最後確定能在自家完成印製後，再排上印刷者的名稱，這應該不失為最為適當且合理的解釋。

在「版權頁」中必須記載印刷所之名稱，這在國民政府公佈的第一部《出版法》的第三章第十六條中已經十分明確，這也是世界各國一直沿用至今的出版專律。因此，缺少「印刷者」的書籍在任何國家、任何年代都是違反有關法令法規的。

那麼缺少「印刷者大東書局」，也沒有蔣中正題詞做「保護傘」的「初版本」之所謂的「第一次印刷」是否還會面世呢？回答是否定的，因此，「初版本」根本不存在「兩次印刷」的可能。

3.「版權頁」中校者的異變之剖析

從「校對樣書」的「版權頁」上來看，「校者」為「永嘉鄭曼青」（見圖16），而在「正式印品」的「版權頁」上，「校者」卻為「吳江黃景華」。「永嘉鄭曼青」則用紅色印泥把鉛字加蓋在「著者」與「校者」行距中間（見圖17），鄭曼青在這個「加座」上，為著者乎？為校者乎？尚是不明。

這裡值得注意的是，「初版本」中「著作人」的稱謂性質較為模糊。其中「校者」，並非是校對者之意，而是指對草稿作整理、校正、編寫的鄭曼青先生，按照現在的說法即稱為「助編」或「整理」。「版權頁」上的「著者」實為「資料提供者和口述者」楊澄甫先生，這與楊振基的《楊澄甫式太極拳》口述者為楊振基、整理者為嚴翰秀同一道理。

吳文翰先生在《太極拳書目考》第四十頁記載：「一九三二年，永嘉鄭曼青拜楊澄甫為師學習太極拳。鄭曼青……是一位江南才子，復助楊澄甫寫《太極拳體用全書》」；

金仁霖老師在《我所知道的〈太極拳使用法〉和〈太極拳體用全書〉的編寫經過》一文中記載：「楊澄甫老師又把《太極拳體用全書第一集》的編寫定稿任務交給了鄭曼青先生」的時間是「一九三二年二月十日……大年初五」。

康戈武先生在《楊澄甫定型架的意義和給我們的啟示》一文中記

載：「一九三四年整理出版《太極拳體用全書》的鄭曼青……精通詩、書、畫、拳、醫，世稱『五絕大師』；徐憶中先生在《詩書畫醫拳五絕名世，中華太極苑一代奇才》（《太極》雜誌二〇〇〇年第4期）中記載：鄭曼青「承蒙師父厚愛，與同門匡克明先生替楊師撰寫了楊氏太極拳世傳名著《太極拳體用全書》。」

路迪民先生在《楊式太極拳三譜匯真》第二七五頁記載：「一九三二年，由鄭公主筆，在《太極拳使用法》的基礎上為楊澄甫先師整理《太極拳體用全書》。」

根據上述各師所述，無論是「編寫」「整理」「復助」或「撰寫」，並沒有提及黃景華先生。鄭曼青先生在「校對樣書」「版權頁」上的身份為「校者」（**實為**「**整理**」）是符合所有記載的。

不過，瞿世鏡先生在《一家》中，多處提及黃景華先生在「初版本」印製過程中參與了許多重要的工作，比如：「由澄甫公口授，曼青師伯與景華師筆錄，寫成《太極拳體用全書》。」（見《一家》第53頁）；

「《體用全書》不但由曼青師伯與景華師二人筆錄，到大東書局校對勘誤等雜務均有景華師奔走代勞。」（見《一家》第六〇頁）；

「《體用全書》署名『作者楊澄甫，校者黃景華』，均為墨色印刷，第二作者鄭曼青當屬漏排，刻一枚印章，用紅色印泥蓋章，如此署名，既顯示不分輩分，又令楊、鄭兩人均感滿意。」（見《一家》第一〇七頁）；

「鄭師伯遂與景華師輪流擔當相手與筆錄。最後全書由鄭師伯統稿，由景華師校對。」（見《一家》第一〇六頁）；

「先師曾協同鄭曼青師伯為澄甫公口述之《體用全書第一集》擔任筆錄及校對。」（見《一家》第二八頁）；

「大東書局送來之樣書錯誤百出……將曼青師伯大名遺漏，不得不用紅色印泥為其加蓋印章。」（見《一家》第二九頁）；等等。

瞿世鏡先生在《一家》中敘述的所知所聞，也是來自其師黃景華先生本人之口。筆者認為：前人記憶的敘述有正確錯誤之分，情緒有好惡貶褒之別，因此無疑會產生偏差。有些史實，師父在徒弟面前有過頭之言應該可以理解，如「景華師曰：『楊公弟子不少，為其代筆編書者，僅陳微明、董英傑、鄭曼青、黃景華四人而已。』」（見《一家》第六三頁）

至於此言是出自黃景華先生之口，還是瞿世鏡先生聽後失言，我們不得而知，也沒必要刨根問底。弟子把先生之言欲述之於文、公佈於世時，則須謹慎，在史實問題上尤其如此。

下面，筆者對瞿世鏡先生的「記載」提出一些質疑：

(1)鄭曼青在「初版本」「鄭序」中提到該書「乃與同門匡克明，共請於澄師」而為；在《十三篇》的「鄭序」中又寫道：「此蓋由余與同門匡克明之請，於二十三年五月，得以刊行。其時余之所得尚膚淺，不知有裨乎人類，若是其大也。」為什麼鄭曼青在兩篇序文中都只提到僅僅是「共請」的匡克明，而未提到與之共「筆錄」、同「校對」的黃景華先生呢？

(2)眾所周知，「初版本」是在《太極拳使用法》的基礎上進行再編輯的，內容較之《太極拳使用法》是有減無增，除了楊澄甫先生的「自序」和「例言」較之《太極拳使用法》稍有調整之外，其餘內容均為整理編輯之勞。

吳文翰先生在《太極拳書目考》第四〇頁記載：「初版本」「仍用《太極拳使用法》書中的拳照、演練與使用的內容，與《太極拳使用法》無太大區別，只是在文字上多有潤色，使之更具條理」。

金仁霖老師在《我所知道的〈太極拳使用法〉和〈太極拳體用全書〉的編寫經過》一文中記載：「由於鄭曼青先生有了《使用法》的前

車之鑒，所以他在改定《體用全書》的稿子時，真是小心翼翼，唯恐有失。因而拳架動作、用法說明等等，基本上都是依照了《使用法》裡的文字，糾正了一些錯漏，理順了一些語句和內容，並沒有作任意的變動。」均未提及「鄭師伯遂與景華師輪流擔當相手與筆錄」之事。

(3)既然瞿世鏡先生一再認為「初版本」是「由曼青師伯與景華師二人筆錄」，並且，在「版權頁」中印刷的黃景華名字之清晰度遠勝於加蓋的鄭曼青，那麼，李雅軒先生在對「初版本」的眉批中，為什麼僅僅提到鄭曼青，而無涉及黃景華呢？

(4)瞿世鏡先生在《一家》中說：「初版本」「最後全書由鄭師伯統稿，由景華師校對」。如果說「校對樣書」的「版權頁」上，鄭曼青與黃景華同列在「校者」欄下，那麼，按照現在的看法，在正式印刷前版子有所遺漏，還能勉強說得通，問題是，原來排版的鉛字盤要換文字必須手工換鉛字，而並非現在的電腦文本，如果按錯鍵，文字說丟就丟。

而為什麼「做事細心」的黃景華先生會把鄭曼青三字「校對」成黃景華自己的名字了呢？

(5)瞿世鏡先生在《一家》中說：「大東書局送來之樣書錯誤百出……將曼青師伯大名遺漏」。「校對樣書」中「校者鄭曼青」正確無誤，用「校對樣書」同「正式印品」作個比較，除了「勘誤表」增加了勘誤條例，「版權頁」上增加了「印刷者大東書局」的資訊增補之外，唯一的錯誤就是把「鄭曼青」掉包成了「黃景華」而已，此明明為「錯誤一出」，何來「百出」呢？

(6)瞿世鏡先生在《一家》中說：「……第二作者鄭曼青當屬漏排，刻一枚印章，用紅色印泥蓋章，如此署名，既顯示不分輩分，又令楊、鄭兩人均感滿意。」

這裡且不問鄭曼青先生作為助編，何來「第二作者」之稱，「刻一枚印章」也是誤傳誤言。我們只需把「永嘉鄭曼青」的加蓋紅色字款和邊上的印刷字款相比較就會看出，這是印刷廠用字型大小字款相應大小的中宋體鉛字纏紮後，蘸紅色印泥在「著」與「校」之間的行距中作了加蓋，此法實屬無奈之舉。

二水居士在《一段由〈太極拳體用全書〉初版本而引發的公案》（下面簡稱《公案》）一文中做了如下記載：在二〇一〇年十一月五日至十一月十一日於臺北舉行的「第八屆楊式太極拳第五代名家論壇暨鄭曼青一百一十歲誕辰紀念會」上，傅清泉先生在發言中說：「初版本」「書出來後，楊澄甫老師發現此書的『版權頁』上，只印『校者吳江黃景華』，沒有署『永嘉鄭曼青』之名，楊澄甫老師十分生氣。」

如果當時在糾錯時，直接把鉛字覆蓋在黃景華名字上，也許就沒有今天的口舌之爭了。那麼，蓋印者又是誰呢？

二水居士在《公案》一文中做了如下記載：在會上，瞿世鏡先生就遺漏「永嘉鄭曼青」之事，發言做了補充：「遺漏『永嘉鄭曼青』，確實是出版社的疏忽，刻製『永嘉鄭曼青』圖章及每冊加蓋圖章，則都是黃景華所為。」此說的真實性待考。

4. 楊澄甫在「版權頁」上簽章不是謎

黃建成先生談到他藏本的「版權頁」時，作過如下猜想：「如果《太極拳體用全書第一集》真的有兩個版本的話，顯然是有人在第一次印刷時欺世盜名將自己名字印上，令楊澄甫老師不滿而作第二次的印刷，恢復校者鄭曼青的名字。而楊師更謹慎其事，在更正的書末頁上，蓋上他的印蓋，以辨真偽。」

筆者不妨先來說說「版權頁」上的簽章之事。儘管在二十世紀二三十年代已經有《著作權法》和《出版法》出臺，但很多作者為了保護版權，以防盜印，也相應採取了一些措施，如在「版權頁」上存留有著作權印花或著作者的印章「以辨真偽」。

比如，一九〇四年出版的《英文漢詁》，「版權頁」上蓋有嚴復的印章；魯迅先生許多著譯的「版權頁」上也有蓋有「魯迅」二字的白文印章。

就拿武學著作來說，陳微明在一九二五年出版《太極拳術》和一九二八年出版的《太極劍》的「版權頁」上都蓋有「慎先」朱文印章；一九三三年出版的李先五的《太極拳》的「版權頁」上蓋有「李先五」朱文印章；

馬永勝一九三一年出版的《新太極拳書》和一九三五年出版的《新太極劍書》的「版權頁」上都蓋有「馬永勝」朱文印章；一九三〇年出版的吳志青的《少林正宗練步拳》的「版權頁」上蓋有「志青」白文印章等等。

凡此例子比比皆是，應該不足為怪，因此，楊澄甫先生在「初版本」「版權頁」上蓋章，也並非是為了「恢復校者鄭曼青的名字……以辨真偽」之舉。

餘言

《太極拳體用全書》是楊澄甫太極拳的重要著述，但是涉及編寫印製情況的資料卻不多，而論及印製過程的資料幾乎為零。二〇〇〇年，《上海武術》雜誌和臺灣的《太極學報》分別刊登了金仁霖老師撰寫的《我所知道的〈太極拳使用法〉和〈太極拳體用全書〉的編寫過程——為〈太極拳體用全書〉正名》一文；二〇〇四年，《武魂》雜誌第1期刊登了吳文翰老師撰寫的《楊澄甫式〈太極拳使用法〉和〈太極拳體用全書〉》一文。

在這兩位前輩的專題文章中，我們也沒有見到《太極拳體用全書》有過兩次印刷的敘述，更沒有見到針對所存在兩種「版權頁」、兩種「勘誤表」，以及題詞者的多少所產生的任何質疑。

上述出現一個版本、兩種版式的現狀，對於當時作為承印者的大東書局和委印方的楊家來說，應該是個事出有因的軼事，即使沒有大故事可言，也有小內情可說。但無論是楊家當事人，或楊家後人，或楊家傳人，卻從來就沒把它當作一件是非之事來談及，也沒記載進武學著作裡。因此可以說明，當時從《太極拳體用全書》的整理編輯、交付印製、內外校對、到成書、發行、銷售等方面的過程皆屬正常而無須言之。因此，現在所提出的「二次印刷」「內部發行」的等等說法，都是缺乏說服力的猜測而不具備科學性。

黃建成與筆者的兩個藏本無論從印刷之形式、版本之發生還是校勘之程式、版次之遞進等多個角度來看，皆具備了「校對樣書」的所有特徵。

如果這兩個藏本真是符合當時出版法規的第一次印刷的初版本，同時具備了完整的「版權頁」，那麼現在也輪不到我們熬夜苦思而撰寫所謂的「考證」「辨析」「試析」「辯證」等文章來探討、質疑了。

當時楊家及楊家弟子對「版權頁」中「校者」名字所發生的替換緘口不談，想不到在六十七年以後，瞿世鏡先生在《楊氏太極是一家》中，把其師黃景華先生推到了前臺，加上黃建成和本人的藏本相繼出現，對「版權頁」上「校者」名字發生變異的不正常情況的討論也公開於世。筆者認為，揭開「校者」名字變異的原因，為鄭曼青先生正名，是探究《太極拳體用全書》的重要所在。

筆者偶得《太極拳體用全書》的兩種版本期間，陸續在網上發表過幾篇關於版本論述的文章，其中有些觀點因認識不足而產生判斷上的偏差，日後儘管在思路上逐漸得以清晰，在條理上也逐漸得以分明，但已無暇再作修正。

就如楊澄甫先生在「自序」中所言：「且翻閱十數年前之功架，又復不及近日，於此見斯術之無止境也。」這也說明，對事物認識過程的遞進，同樣「無止境也」。此次藉著《太極拳體用全書》影印、編排出版的機會，把觀點重新梳理後成文，欲盼明者不吝指教。

邵奇青

二〇一五年七月二日於上海西區愛博山截埜

目錄

楊澄甫先生著

太極拳體用全書

歐陽駉署

郜奇青得於
二〇二年九月廿九日

奇青藏書

可以禦侮可以衛生願以此
有百利而無一害之國粹
為四百兆同胞之典型

楊澄甫先生太極拳體用全集

蔡元培題 ①

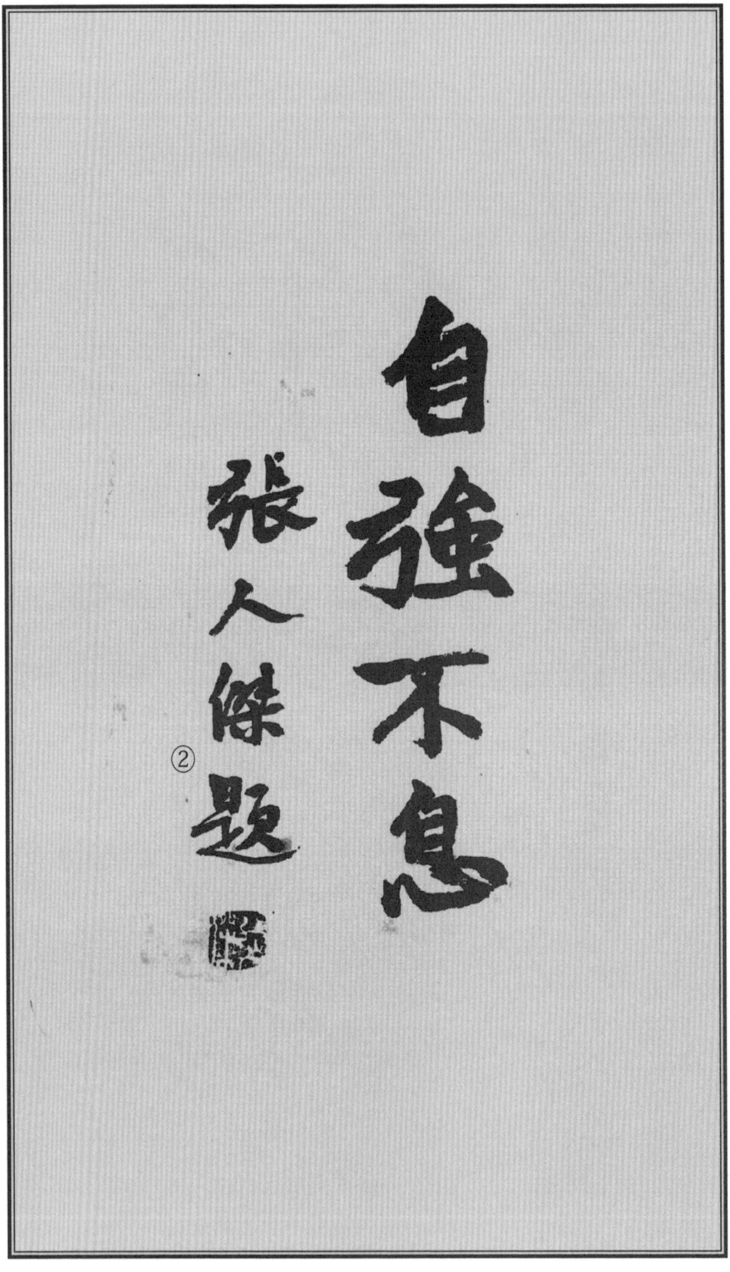

②

真美善

楊澄甫先生太極拳體用全書

③ 李煜瀛題

國術精華

楊澄甫先生著
太極拳體用全書

吳鐵城

④

寓剛于柔

⑤ 張乃燕題

【注釋】

①蔡元培（一八六八～一九四〇年），紹興山陰縣人，原籍諸暨，字鶴卿，又字仲申、民友、子民，並曾化名蔡振、周子餘。革命家、教育家、政治家。中華民國首任教育總長，一九一六年至一九二七年任北京大學校長。

②張人傑（一八七七～一九五〇年），國民黨四大元老之一。祖籍安徽徽州（今歙縣），後移籍浙江吳興，字靜江。歷任浙江省臨時政府主席、國民黨特別委員會委員、全國建設委員會主席等職。後因疾脫離政界。抗戰爆發後，出國遊歷，死於紐約。

③李煜瀛（一八八一年五月二九日～一九七三年九月三十日），國民黨四大元老之一。字石曾，筆名真民，晚年自號擴武，河北高陽人。清同治年間軍機大臣李鴻藻第三子。中國教育家。

一九二四年，任辦理清室善後委員會委員長，並籌建故宮博物院。從一九二四年起，先後出任國立北京大學教授、北平大學校長、北平研究院院長等職務。一九五六年定居臺北。一九七三年九月三十日病逝。

④吳鐵城（一八八八～一九五三年），國民黨政要，陸軍中將。字鐵城，廣東

香山人，生於江西九江。曾任國民黨臨時中央執行委員、國民黨第三居中央執委、國民政府立法委員、國民黨中央秘書長、最高國防委員、國民政府立法院副院長、行政院副院長兼外交部長等職。

一九四九年十月赴香港，後轉去臺灣。一九五三年十一月十九日在臺北病逝，享年六十五歲。

⑤張乃燕（一八九四～一九五八年），民國才子，字君謀。一九一二年加入中國國民黨，一九一九年冬在上海復旦大學教授物理學。一九二〇年至一九二二年任北京大學化學系教授。一九二五年任上海光華大學教授。一九二七年被任命為江蘇省政府委員兼教育廳廳長，後兼任國立中央大學校長。一九三二年一月調任建設委員會副委員長。一九三三年五月，出任駐比利時王國特命全權公使，一九三五年五月辭職回國，隱居上海。

一九五八年夏天因腦溢血逝世，享年六十四歲。

楊澄甫先生太極拳體用全書題詞

廣平楊澄甫先生著太極拳體用全書殺青有
日屬愚為之序愚於斯道覘望門牆偶有涉獵
初無是處於斯而欲有言是何殊持布鼓過
雷門執蹇驢向伯樂也特先生以弘道之切救
世之殷闡太極拳體用真詮嘉惠學人薪傳
藻思有足多者揄揚宣贊未敢稍辭用敷
末意祗貢蕪章頗未足以彰大雅也辭曰

楊澄甫先生太極拳體用全書題詞

廣平楊澄甫先生著《太極拳體用全書》殺青有日，囑愚為之序。愚於斯道覘望門牆①，偶有涉獵，初無是處於斯，而欲有言，是何殊？持布鼓過雷門②，執蹇驢向伯樂也③。特先生以弘道之切，救世之殷，闡太極拳體用真詮，嘉惠學人，薪傳藻思④，有足多者⑤，揄揚宣贊⑥，未敢稍辭⑦。用敷末意⑧，只貢蕪章顧未足⑨，以彰大雅也。辭曰：

【注釋】

①愚於斯道覘望門牆：愚，謙辭，用於自稱。斯，這個，這裡指太極拳。覘望（ㄔㄢ ㄨㄤ），窺視，觀望。門牆，指師長之門，詞出《論語‧子張》：「夫子之牆數仞，不得其門而入，不見宗廟之美，百官之富。」此句意為「我不精於太極拳這技藝，只能算是在老師門外觀望罷了。」

②持布鼓過雷門：布鼓，布蒙的鼓。雷門，古代浙江會稽的城門名。在雷門前

擊布鼓，比喻在能手面前賣弄本領。

③執蹇驢向伯樂也：蹇，音ㄐㄧㄢˇ，跛，行走困難，遲鈍。蹇驢，跛蹇駑弱的驢子。此句意為牽著跛弱的驢子在伯樂面前賣弄。比喻在能手面前賣弄。

④藻思：做文章的才思。

⑤有足多者：有足夠多的人。

⑥揄揚宣贊：弘揚，稱讚。

⑦未敢稍辭：不敢推辭。

⑧用敷末意：敷，施加、給予。末意，瑣碎的、意不達詞的想法。此處為自謙之語。

⑨只貢蕪章顧未足：貢，拿出。蕪，雜亂。未足，不能涉及。謙指下面所作之辭。

廣平楊子　抱璞守真　精研技擊　太極鴻鈞
太極无極　兩儀相因　絪縕交感　萬緒舒申
剛柔互濟　易道敷陳　楊子造詣　譬如北辰
振衰起弱　致國維新　殷殷祖訓　端在健身
新傳勵學　變化出神　式如淵海　浩淼無垠
闡揚體用　嘉惠學人　俾正所視　趣於大純
弘宣濟世　踦與等倫　一篇既出　寶筏迷津

中華民國二十二年十二月　朱慶瀾

廣平楊子，抱璞①守真。精研技擊，太極鴻鈞②。
太極無極，兩儀相因。絪縕③交感，萬緒舒申。
剛柔互濟，易通敷陳。楊子造詣，譬如北辰④。
振衰起弱，致國維新。殷殷祖訓，端在健身。
薪傳勵學，變化出神。式如淵海，浩渺無垠。
闡揚體用，嘉惠學人。俾正所視，趣⑤於大純。
弘宣濟世⑥，疇與等倫⑦。一篇既出，寶筏迷津⑧。

中華民國二十二年十一月 朱慶瀾⑨

【注釋】

①璞：純真，淳樸。

②鴻鈞：古代道教神話中人物，此處以「鴻鈞」喻「大道」。

③絪縕：音ㄧㄣ ㄩㄣˋ，古同「氤氳」，指天地陰陽二氣交互作用的狀態。

④北辰：北極星。

⑤趣：趨向。

⑥弘宣濟世：弘宣，弘揚傳播。濟世，濟助世人。意為「發揚光大傳益於世人」。

⑦疇與等倫：疇，範疇。等倫，與之同等。

⑧寶筏迷津：佛教用語。寶筏，比喻引導眾生渡過苦海到達彼岸的佛法。迷津，找不到渡口、橋樑，迷失了道路，指迷妄的境界。清・趙翼《題王摩詰渡水羅漢圖詩》：「我聞釋氏妙變化，寶筏能引迷津斷。」

⑨朱慶瀾（一八七四～一九四一年），字子橋、子樵、紫橋。紹興錢清秦望村人。十七歲投東三省總督趙爾巽部下，一九〇九年隨趙爾巽入川。辛亥革命中，四川獨立，被推為四川大漢軍政府副都督。一九一二年後，先後擔任黑龍江督署參謀長、臨時總統軍事顧問、廣東省長、廣東新軍司令、東北特區行政長官兼中東鐵路護路軍總司令等職。一九二五年後，長期從事慈善救濟與抗日救亡事業。抗戰以後，在陝西創立黃龍山墾區，收容難民達五萬餘人。一九四一年一月，卒於西安災童教養院。西安各界將其公葬於長安縣杜曲鄉東韋村，馮玉祥為之作碑文。

後學楷式

張儷生題①

民族精神

龐炳勳

②

【注釋】

①張厲生（一九〇一～一九七一年），字少武，原名維新，出生於河北樂亭三合莊村。北京朝陽大學法律專科畢業，後留學法國巴黎大學，主修社會學。曾任上海中山學院教授。後投身政界，為國民黨CC系骨幹人物。

去臺灣後，歷任臺灣行政院副院長、國民黨中央委員會秘書長、臺灣駐日本大使等職。一九七一年四月二十日在臺北病故。

②龐炳勳（一八七九年十月二十五日～一九六三年一月十二日），字更陳，出生於河北省新河縣南陽莊村。民國陸軍中將加上將銜。一九三八年二月，參加台兒莊會戰。

一九四三年五月七日降日，一九四五年九月日本投降後，所部被國民政府收編，並委龐炳勳以先遣軍司令。

同年十月，不再擔任軍職，在開封閒居，一九四九年移居臺灣，一九六三年一月十二日死於臺北，時年八十五歲。

尚武精神

國勢淩替至今已極非尚武不足以圖存澄甫先生以太極拳噪於時偶一演練靡不震驚其沈着重於泰山其輕靈矯如飛鳥倘能人懷此技自強國強種而有餘幸勿自祕以餉當世甚望有志之士於武術三致意焉

耿毅

尚武精神

國勢凌弱至今已極，非尚武不足以圖存①。澄甫先生以太極拳噪②於時，偶一演練，靡不震驚③。其沉著重於泰山，其輕靈矯如飛鳥。尚能人懷此技，自強國強種而有餘。幸不自密，以餉④當世，甚望有志之士於武術三致意焉。

耿毅⑤

【注釋】

①圖存：謀求生存。

②噪：聲名大噪之「噪」，由於名聲高而引起人們的極大關注。

③靡不震驚：沒有不為之震驚的。靡，無。

④餉：同「饗」。

⑤耿毅（一八八一～一九六〇年），河北任縣南留寨人。一九〇六年畢業於北

洋陸軍速成武備學堂（即保定陸軍軍官學堂，一九一二年十月改為保定陸軍軍官學校）。民國陸軍中將、中華民國第一屆監察委員。

新中國成立後，歷任河北省人民政府委員、文史館館長、河北省人民代表大會代表、政協河北省委員會常務委員、民革河北省副主委等職。一九六〇年病逝，享年七十九歲。

如元似方以柔克剛
是謂大勇蔚為國光

癸酉春 黃元秀

如元似方，以柔克剛。是謂大勇，蔚為國光。

癸酉[1]秋月黃元秀[2]

【注釋】

①癸酉：即一九三三年。

②黃元秀（一八八四～一九五四年），原名鳳之，字文叔，號山樵，中年以後改名元秀。浙江杭州人。從田兆麟先生習太極拳，與葉大密先生、孫存周先生義結金蘭。竭力宣導建立浙江省國術館，並擔任董事一職。他兼收並蓄，分別向楊澄甫、楊少侯學習楊式大、小架太極拳，向李景林學習武當對手劍，並著手從事武術文獻的編撰工作。

出版了《武當劍法大要》《太極要義》《武術叢談》《楊家太極拳各藝要義》等書。一九五四年二月十九日逝世，世壽七十一歲。

振敝起衰

澄甫先生累世精技擊研練日久尤入神化意氣所至肘腋生風洵屬武當嫡派拳界泰斗也謹泐數語藉志欽仰

李屏翰

振敝起衰

澄甫先生累世[①]精技擊，研練日久，尤入神化，意氣所至，肘腋生風，洵[②]屬武當嫡派，拳界泰斗也。僅瀝數語，藉志欽仰。

李屏翰[③]

【注釋】

①累世：歷代，接連幾代。

②洵：副詞。誠然，確實。

③李屏翰：履歷不詳。

健侯老先生遺像

少侯大先生遺像

著 者

張真人傳

真人遼東懿州人，姓張，名全一，又名君實，字元元，號三豐，史稱宋末時人。生有異質，龜形鶴骨，大耳圓目，身高七尺，修髯如戟①。頂作一髻②，常戴偃月冠③。一笠一衲，寒暑禦之。不飾邊幅，人皆目為張邋遢④。所啖升斗輒盡⑤，或避穀數月自若。書過目不忘。遊處無恒，或云一日千里。洪武⑥初，至蜀太和山，結庵玉虛宮⑦，自行修煉。

洪武二十七年⑧，復入湖北武當山，與鄉人論經典，娓娓不倦。一日在室讀經，有鵲在庭，其鳴如爭論。真人由窗視之，鵲在樹，注目下睹。地上有一長蛇，蟠結⑨仰顧。少傾，鵲鳴聲上下，展翅相擊。長蛇採首微閃躲過鵲翅。鵲自下復上，俄時性燥，又飛下翅擊。蛇亦蜿蜒輕身閃過，仍作盤形。如是多次。真人出，鵲飛蛇走。

真人由此悟，以柔克剛之理，因按太極變化，而成太極拳。動靜消長，通於易理，故傳之久遠，而功效愈著。北平白雲觀[10]，現存有真人聖像，可供瞻仰云。

【注釋】

按：張三豐，生卒年不詳。《明史·方伎傳》載：「張三豐，遼東懿州人，名全一，一名君寶，三豐其號也。」元末明初儒者、技擊家，武當派祖師，武當丹士，被奉為武當派創立者。精拳法，其法主禦敵，非遇困危不發，發則必勝。善書畫，工詩詞。據傳年六十七歲時受火龍真人大道，隱居武當山，屬隱居派氣功家。

在各種張三豐的傳記或有關他的材料裡，還有全弌、玄玄、三侔、三峰、三豐遯老、通、玄一、君實、居寶、昆陽、保和容忍三豐子、喇闥、邋遢張仙人、蹋仙等諸多名號。遊寶雞山中，有三山峰，挺秀倉潤可喜，因號三峰子。亦有因「峰」字和「豐」的簡體字同形而錯稱為「張三峰」。

傳說其丰姿魁偉，大耳圓目，鬚髯如戟。無論寒暑，只一衲一蓑，一餐能食升斗，或數日一食，或數月不食，事能前知。遊止無恒。居寶雞金台觀時，曾死而復活，道徒稱其為「陽神出遊」。入明，自稱「大元遺老」。時隱時現，行蹤莫測。洪武二十四年（一三九一年）朝廷覓之不得。永樂年間，成祖遣使屢訪皆不遇。天順三年（一四五九年）詔封通微顯化真人。

張三豐認為古今僅正邪兩教，所謂釋、儒、道三教僅為創始人之不同，實則「牟尼、孔、老皆名曰道」，而「修己利人，其趨一也」，又稱「一陰一陽之謂道，修道者修此陰陽之道也，一陰一陽一性一命而已矣。他還認為：「玄學以功德為體，金丹為用，而後可以成仙。」明英宗賜號「通微顯化真人」；明憲宗特封號為「韜光尚志真仙」；明世宗贈封他為「清虛元妙真君」。

張三豐是丹道修煉的集大成者，主張「福自我求，命自我造」。張三豐所創的武學有王屋山邋遢派、三豐自然派、三豐正宗自然派、日新派、蓬萊派、檀塔派、隱仙派、武當丹派、猶龍派等至少十七支。清代大儒朱仕豐評價張三豐說，古今練道者無數，而得天地之造化者，張三豐也。後人編有《張三豐先生全集》。收入《道藏輯要》。

張三豐先生曾作一首《上天梯》詞（《張三豐先生全集・方春陽點校》，浙江古籍出版社一九九九年版），可作為張三豐出身和生平的一個重要參考資料。

全文如下：

大元飄遠客，拂拂髯如戟，一曲上天梯，可當飛空錫。回思訪道初，不轉心如石，棄官遊海岳，辛苦尋丹秘，捨我亡親墓，鄉山留不得，別我中年婦，出門天始白，捨我丱角兒，掉頭離火宅，人所難畢者，行人已做畢，人所難割者，行人皆能割，欲證長生果，沖舉乘仙鶴。後天培養堅，兩足邁於役，悠悠摧我心，流年駒過隙，翹首終南山，對天三歎息。天降火龍師，玄音參一一，知我內丹成，不講築基業，賜我外丹功，可憐諄告切，煉己忘世情，採藥按時節，先天無斤兩，火候無爻策，只將老嫩分，但把文武別，純以真意求，刀圭難縷晰，十月抱元胎，九年加面壁，換鼎復生孫，騎龍起霹靂，天地壞有時，仙翁壽無極。

明末清初的大史學家黃宗羲在《王征南墓誌銘》最早記載了武當內家拳的傳承關係：「三峰之術，百年之後流傳於陝西，而王宗為最著。溫州陳州同從王宗受之，以此教其鄉人，由是流傳於溫州，嘉靖間，張松溪為最著。松溪之徒三四人，而四明葉繼美近泉為之魁，由是流傳於四明。四明得近泉之傳者，為吳昆山、周雲泉、單思南、陳貞石、孫繼槎，皆各有授受。昆山傳李天目、徐岱岳，天目傳余波仲、吳七郎、陳茂弘；雲泉傳盧紹岐；貞石傳董扶輿、夏枝溪；繼槎傳柴玄明、姚石門、僧耳、僧尾。而思南之傳，則為王征南。」

文中「三峰」即為「三豐」之誤，而最早把「三峰」和「三豐」混為一談的是清代大文豪、順治進士王士禛的筆記《池北偶談》:「拳勇之技，少林為外家，武當張三峰為內家。三峰之後有關中人王宗，宗傳溫州陳州同，州同明嘉靖間人。故今兩家之傳盛於浙東。」文中，他把宋徽宗時期的張三峰與元明之際的張三豐混淆為一人。

如今，張三豐已普遍被拳家視為武當派武術的始祖、創始人已是不爭的事實，每年農曆四月初九，各門派眾多太極拳傳人都會設堂紀念張三豐誕辰。

①修髯如戟：髯音ㄖㄢˊ，鬍子。戟音ㄐㄧˇ，古代兵器名，合戈、矛於一體，略似戈，兼有戈之橫擊、矛之直刺兩種作用。

②髻：音ㄐㄧˋ，將頭髮挽結於頭頂的髮式，也稱結、玠。

③常戴偃月冠：在《太極拳使用法》中該句為「寒暑唯一箬笠」，箬笠，用箬竹葉及篾編成的寬邊帽，即用竹篾、箬葉編織的斗笠。此處鄭曼青改作偃月冠。偃月冠是道教服飾中的一種頭冠，外形像是一個元寶，全為黑色；冠頂正中間有孔洞。佩戴時，道士將頭髮束起成一個髮髻，從偃月冠正中的孔洞穿出，然後用一根髮簪別住。該冠前面低後面翹起，因其形狀類似新月而得名。按照道教規範，「道士曾受初真戒者用綸巾，戴偃月冠」。意思為，只有經過正式的傳戒後的全真派道士，才能佩戴這種冠冕。

④邋遢：不潔，髒亂。始於明或以前。《明史·方伎傳》記載張三豐「不飾邊幅，又號張邋遢」。

⑤所啖升斗輒盡：啖，吃，如蘇軾《食荔枝二首》：「日啖荔枝三百顆，不辭長作嶺南人。」升斗，容量單位。十合為升，十升為斗。《漢書·律曆志上》：「量者，龠、合、升、斗、斛也，所以量多少也。」輒，此處作副詞，立刻，就。此句意為食量大且用食快。

⑥洪武：中國明代第一個年號，時間為一三六八～一三九八年，當時在位的為明朝開國皇帝明太祖朱元璋。

⑦至蜀太和山，結庵玉虛宮：蜀，四川省的別稱，舊地在今四川、雲南、貴州一帶。太和山，為武當山別名。四川省達州市宣漢縣有一太和山，並不出名，山上皆無庵廟資料可考。此處「蜀太和山」的記載有誤。結，聚合、凝聚。庵，圓形草屋。玉虛宮，指武當山玉虛宮，據傳張三豐是在武當山玉虛宮悟拳而定拳理。

⑧洪武二十七年：西元一三九四年。

⑨蟠結：盤曲糾結。

⑩北京白雲觀：唐開元二十六年（七三八年），建天長觀，金明昌三年（一一九二年），重修此觀，改名為太極宮。元初全真派道長長春真人丘處機奉元太祖成吉思汗之詔駐太極宮掌管全國道教，遂更名長春宮。一二二七年丘處機逝世，其弟子在宮東建立道院，取名白雲觀。元代末年，長春宮等建築毀於兵燹，白雲觀獨存。明洪武二十七年（一三九四年）重建前後二殿和一些附屬建築，正統年間（一四三六～一四四九年）又大規模重建和添建，使觀之規制趨於完善。明末，觀復毀於火。清康熙四十五年（一七〇六年）在原來基礎上重新大規模重修與擴建，今白雲觀的整體佈局和主要殿閣規制即形成於此時。

鄭序

天下唯至剛乃能制至柔，亦唯至柔乃能制至剛①。易曰：「剛柔相摩，八卦相蕩。」②書曰：「沈潛剛克，高明柔克。」③詩曰：「剛亦不茹，柔亦不吐。」④然則剛柔之用，理無二致⑤。何老氏獨言「天下之至柔，馳騁天下之至堅」？⑥又曰：「柔弱勝剛彊。」⑦余甚疑之。宋末有張真人三豐者，創為太極柔拳之術，所謂「有氣則無力，無氣則純剛」，異哉言乎⑧？以視老氏之說，其理更不同，余尤惑焉，何則？不用力固已柔矣，未聞有不用氣也。若不用氣，何復有力，而至於純剛乎？

癸亥，岳任北京美術專門學校⑨教授。有同事劉庸臣者，擅斯術，以岳體羸弱，勉之學習。甫逾月，輒嬰事輟，未得其趣⑩。庚午⑪春，岳因創辦中國文藝學院，操勞過度，甚至咯血。因復與同事趙仲博⑫、葉大密⑬，研習斯術。不一月，病霍然，而身體遂日見強健，於是昕夕[14]研求，鍥而不捨。兩年之間，與有力十倍於我者較，則數勝矣。始信柔之足以勝剛，然未知有不用氣之妙也。壬申正月，岳在濮公秋丞[15]家，得晤楊師澄甫。秋翁介岳，執贄於門。承澄師之教導，口授內功，始知有不用氣之義矣。不用氣，則我處順，而人處逆，唯順則柔。柔之所以克剛者漸也，剛之所以克柔者驟[16]也。驟者易見，故易敗；漸者難覺，故常勝。不用氣者，柔之至也。惟至柔故能成至剛。余至是遂恍然大悟，於真人與老氏之說，大易摩蕩之訓，究竟一理。雖然，岳猶恐聞吾言者，亦如岳昔日之滋惑[17]，其將何以釋而證之。乃與同門匡克明，共請於澄師曰，曩者[18]師法相承，悉憑口授指示，未有專書。與其懷寶以秘其傳，何如筆之於書以後傳世。澄師曰然，爰[19]將體用之妙法，盡啟其橐籥[20]，攝圖列說，縷析條分。並及劍法槍法等，各有運斤成風[21]之妙。編述成書，分為二集，世之欲攝生養性者[22]，手各一編，瞭若指掌。非僅可以釋疑解惑而已。自強強國之術，其在斯乎，其在斯乎！

制。

癸酉閏[23]端陽　永嘉鄭岳[24]謹序

【注釋】

①天下唯至剛乃能制至柔，亦唯至柔乃能制至剛：唯，只有。制，制止，控制。

②剛柔相摩，八卦相蕩：出自《周易・繫辭・上》。摩，摩擦。《周易》認為剛柔是陰陽的表現形式之一，宇宙間的萬物，都是由剛柔這兩個相反的力量互相摩擦而產生的。所謂「蕩」，即為一來一往之意，六十四卦就是八卦的一來一往，彼此相蕩而生。

《周易》講的就是宇宙運行的法則。而正是因為有了宇宙運行的法則，日月才會有規律的運行，因此創造了宇宙萬物。

③書曰：……高明柔克：書，指《尚書》。沈，同「沉」，下同，不另注。「沉潛剛克，高明柔克」出自《尚書・洪範》。沉潛，深沉不露。高明，見解獨到或技藝高超之人。克，戰勝、制伏。兩句意為對深沉不露的人，要用剛強制服；對性格開

闊爽朗的人，要用柔和取勝。

④詩曰……柔亦不吐：詩，指《詩經》。茹，吃。吐剛茹柔，吐出硬的，吃下軟的，比喻欺軟怕硬。反其意則為「剛亦不茹，柔亦不吐」，形容對強硬的不害怕，對軟弱的不欺侮。語出《詩經・大雅・烝民》。

⑤然則剛柔之用，理無二致：二致，不一致，兩樣。兩句意為既然《周易》《尚書》《詩經》都說了剛與柔的作用，在道理上也沒什麼不一致之處。

⑥何老氏獨言……馳騁天下之至堅：何，為什麼。老氏，老子。「天下之至柔，馳騁天下之至堅」出自《道德經・四十三章》。三句意為為什麼老子獨言：天下最柔弱的東西，可以驅使天下最堅硬的東西。

⑦又曰：「柔弱勝剛彊」：又曰，老子又說。彊，通「強」，如《呂氏春秋・長攻》：「凡治亂存亡，安危彊弱，必有其遇，然後可成。」

⑧異哉言乎：不一樣的說法呀。

⑨北京美術專門學校：蔡元培先生於一九一八年四月宣導成立，是中國歷史上第一所國立美術教育學府。

⑩甫逾月……未得其趣：甫，剛剛，才。逾月，一個多月。輒，總是。嬰，纏繞。三句意為才習練了一個多月，因為總是被瑣事纏繞而終止，因此也沒有得到什麼樂趣。

⑪庚午：一九三〇年。

⑫趙仲博：吳圖南在《國術太極拳》中有提及，為吳鑒泉之北方弟子，履歷不詳。

⑬葉大密：一八八八～一九七三年，名百齡，號柔克齋主，浙江文成縣人。一九一七年師從田兆麟（一八七一～一九五九年）習練楊氏中架太極拳。與孫存周先生（一八九三～一九六三年）為金蘭之交，曾得到孫父孫祿堂的口授身傳。一九二八年，葉大密又從楊少侯、楊澄甫學習拳架、劍、刀和杆子。後來他改編了太極拳架，把楊氏大、中、小拳架的主要特點與八卦掌的斜開掌轉身法、武當對劍中的轉臂捷用法等結合，其獨特風格被人稱為「葉家拳」。一九二九年十一月，在杭州召開「國術遊藝會」，葉大密為三十七人組成的監察委員之一。葉大密的學生有濮冰如、金仁霖、蔣錫榮、曹樹偉等。

⑭昕夕：昕，音ㄒㄧㄣ，黎明。昕夕，朝暮，引申為終日。

⑮濮公秋丞：濮秋丞，光緒年間進士，楊澄甫的第一個入室女弟子濮冰如（一九〇七～一九九七年）之父。

⑯驟：疾速，突然。

⑰滋惑：滋生的迷惑。

⑱曩者：從前、以往。曩，音ㄋㄤˇ。

⑲爰：於是。

⑳橐籥：音ㄊㄨㄛˊ ㄩㄝˋ，古代冶煉時用以鼓風吹火的裝置，猶今之風箱，這裡喻指本源。

㉑運斤成風：運。揮動。斤，斧頭。揮動斧頭，風聲呼呼。比喻手法純熟，技術高超。

㉒世之欲攝生養性者：攝生，指養生，保養身體，語出《老子》：「蓋聞善攝生者，陸行不遇兕虎，入軍不被兵甲。」養性，修養身心，涵養天性。語本《孟子・盡心上》曰：「存其心，養其性，所以事天也。」

㉓癸酉閏：癸酉，一九三三年。指一九三三年閏五月。

㉔永嘉鄭岳：著名太極拳家鄭曼青（一九〇一～一九七五年），名岳，字曼青，別號玉井山人，浙江永嘉人。師從楊澄甫，曾助楊澄甫編寫《太極拳體用全書》，一九三四年五月由上海大東書局印製出版，該書拳照、習練和使用的內容與楊氏先期出版發行的《太極拳使用法》無大區別，只是在文字上有所潤色而更具條理。

一九四九年去台，創立時中拳社，傳授拳術。一九六五年赴美國，客居紐約，創辦太極拳學社，廣授生徒，直接間接從學研習者不下數萬人。

晚年集一生習拳體驗，編就鄭子太極拳三十七式，著有《鄭子太極拳十三篇》（後文簡稱《十三篇》）、《鄭子太極拳自修新法》（後文簡稱《自修新法》）等。

自序

余幼時，見先大父[1]祿禪公，率諸父及諸徒遊者，日從事於太極拳[2]。或單練，或對習，昕夕不輟，心竊疑之。以為是一人敵，項籍所不屑學者。余他日當學萬人敵[3]。

稍長，先伯父班侯公命余從之學。於是向之所疑者，不復能隱，則直陳之[4]。先大夫[5]健侯公怒斥之曰：「惡[6]，是何言？汝大父以此世吾家，若乃欲墜箕裘[7]歟？」先大父亟止之曰：「此不能折服孺子也。」

以手撫余曰：「居，吾語汝[8]。吾之習此而教人者，非以敵人，乃以衛身；非以用世，乃以救國[9]。今之君子，只知國之弊在貧，而未知國之病在弱也。是故謀國是者，競籌救貧之策，未聞有振衰起頹[10]之圖。惟其通國皆病夫，誰復勝此重任？積弱斯貧，貧實原於弱也。考各國之致強，莫不強民為初步，歐美之雄偉英挺無論矣。即島國侏儒，亦孰非短小而精悍。以吾國人之鳩形鵠面當之，勝負之決，庸待蓍龜⑪。然則救國之道，自當以救弱為急務。舍此不圖，抑亦末矣⑫。余自幼即以救弱為己任。嘗見賣解⑬者，其精神體魄，固不遜於外人所謂大力士武士道者。余大喜叩其術，秘不以告。乃知中國自有強身之術，而一弱至此，豈無故哉？嗣⑭聞豫中陳家溝陳氏有內家拳之名，躡蹻⑮往從陳師長興⑯學。雖不見拒於門牆之外，然日居月諸，迄未許窺堂奧⑰。忍心耐守，凡十餘稔⑱。師憫余誠，始於月明人靜時，舉個中妙諦，以授余。學成來京師，誓本素志，廣授於人。未幾，見從吾學者，瘠者肥，羸者腴，病者健，乃大喜。顧以一人之所授有限，則如愚公之移山，更以諸若父叔輩，曁諸從遊者。若志在用世，寧鄙視救世之術而不學乎？⑲」

【注釋】

①大父：祖父。

②余幼時……日從事於太極拳：我還是幼年時，見祖父祿禪公帶領父輩以及他的弟子們，每天習練太極拳術。

③萬人敵：一指兵法，語出《史記・項羽本紀》：「劍一人敵，不足學，學萬人敵」；二是以「可敵萬人」形容勇力威猛。此處用項羽典故，認為太極拳只能與一個人對抗，這是項羽所不屑一顧的習練，我將來要學習他能與萬人對抗的能力。

④直陳：徑直陳說，直說。

⑤先大夫：稱呼自己過世的父親，此處指楊健侯（一八三九～一九一七年）。

⑥惡：音ㄨ，文言嘆詞，表示驚訝。

⑦欲墜箕裘：墜，辱沒，喪失，敗壞。箕裘，《禮記・學記》中載：「良冶之子，必學為裘，良弓之子，必學為箕。」比喻祖上之業。

⑧以手……吾語汝：居，坐。兩句意為祖父用手按著我說：「坐下，我說給你聽。」

⑨非以敵人……乃以救國：敵，攻擊。四句意為不是用它（太極拳技）攻擊他人，而是用它保護自己；不是用它來做謀生之道，而是用它來救國的。

⑩振衰起頹：使衰落和呈現頹勢的局面得以恢復和振興。

⑪蓍龜：蓍，音ㄕ，蓍草。龜，龜甲。古人用蓍草、龜甲占卜吉凶，合稱蓍龜，指代占卜。

⑫舍此不圖，抑亦末矣：末，下策。兩句意為捨棄了體弱多病這個重要的原因，不從根本上去圖治解決，就只能是下策了。

⑬賣解：舊時指以表演武術、馬戲、雜技等謀生。

⑭嗣：副詞，接著，隨後。

⑮躡蹻：音ㄋㄧㄝˋ ㄐㄩㄝ。蹻，屩、鞋，古代多指草鞋。躡蹻，由成語「躡蹻簷笠」化出，穿著草鞋，背著斗笠，指遠行、跋涉。

⑯陳師長興：陳長興（一七七一～一八五三年），著名內家長拳繼承人，字雲亭。河南溫縣陳家溝人。陳長興拳術由蔣發所傳，後人稱長拳或綿拳。其站樁立身端正，落地生根，不偏不倚，穩如泰山，故人稱其為「牌位先生」。清道光年間，楊祿禪透過河北廣平府永年城西大街「泰和堂」東主陳德瑚（陳家溝人）幫助，得以向陳長興學習內家拳。

⑰然日居月諸，迄未許窺堂奧：日居月諸，成語，指光陰的流逝，語出《詩經．邶風．日月》：「日居月諸，照臨下土。」堂奧，廳堂的深處，喻含義深奧的意境或事理。

⑱稔：音ㄖㄣˇ，穀熟，引申為年，年度。

⑲若志在用世，寧鄙視救世之術而不學乎：既然立志在有為於社會，難道寧可鄙視這救國的方法，而不願參與學習嗎？

余於是，始恍然於先大父之孳孳①斯術。且以世吾家者，蓋有在也，遂欣然請受教。

先大父更詔之曰：「太極拳創自宋末張三豐，傳之者，為王宗岳、陳州同、張松溪、蔣發諸人相承不絕。陳長師，乃蔣先生發唯一之弟子，其術本於自然，而為形不離太極，為式十三。而運用靡窮，運動身體，而感及心靈。故非習之既久，驟難得其奧妙。從吾學者，不乏其人，而爐火純青之候，雖班侯猶未易言也。然就強身而論，則一日有一日之益，一年有一年之效。孺子知之，其有以宏吾志。」

余謹識之不敢忘，自是而後，鍥而不捨，閱二十寒暑。而先大父、先伯父，及先大夫，先後捐館②。

余始則授徒舊都③，嗣以局促一隅，為效褊頗④，更南走江淮閩浙間。復囑陳生微明⑤，以余口授者，刊為一書，歷十餘年。

而太極拳之風行，自河⑥南北，及於江⑦左右，甚且粵水之濱，習之者亦大有其人矣。顧陳子之書，僅述單人練習之程式，且翻閱十數年前之功架，又復不及近日，於此見斯術之無止境也。

今因諸生之請，復繼續將體用之全法，編次成集。基本練法，及推手大握，一一俯以最近圖影，付諸梨棗⑧，以公於世。劍法及槍戟刀等，擬為第二集續刻。非敢以術自鳴，竊欲宏先人振人救世之志云爾。

中華民國二十二年春廣平澄甫楊兆清

【注釋】

①孳孳：孜孜，勤勉，努力不懈，如《禮記・表記》：「俛焉日有孳孳，斃而後已。」

②捐館：捐，放棄。館，官邸。從字面上來說，就是放棄了自己的官邸，這是對死的比較委婉的說法。亦作「捐舍」。

③舊都：指北京。

④跼以局促一隅，為效褊頗：後來感到由於局限於一個角落，產生的影響面狹窄。褊，音ㄅㄧㄢˇ，狹小。

⑤陳生微明：陳微明（一八八一～一九五八年），太極拳家，又名慎先，河北蘄水人。曾從孫祿堂學習形意拳、八卦掌，後就學於楊澄甫。一九二五年在上海創辦「至柔拳社」，後在廣州等地設立分社，廣泛邀請太極拳名家授課。

根據楊澄甫的口頭傳授，在一九二五年，陳微明撰寫了《太極拳術》一書，由中華書局印製出版。

⑥河：黃河。

⑦江：長江。

⑧付諸梨棗：梨棗，指刻版刊印書籍，舊時刻書多用梨木棗木，古代稱書版。

例言

⊙本書編著之要旨，在乎體用兼備。世之學太極拳者，日見繁多，未明體用之法，殊鮮心身之益①。故特不珍敝帚以千金②，冀得造極登峰之多士，自強之旨，竊願與國人共勉之。

⊙太極拳本易之太極八卦，曰理、曰氣、曰象，以演成③。孔子所謂範圍天地之化而不過，豈能出於理氣象乎？惟理氣象乃太極拳之所胚胎也。三者得能兼備，而體用全矣。然象則取法太極八卦，氣則不出於陰陽剛柔，理則主宰變易不易，以窮其化。學者尤其先求其象，以養其氣，久之自然能得其理矣④。

【注釋】

①未明體用之法，殊鮮心身之益：殊，很。鮮，少。意為不瞭解（太極拳）在

體、用上習練的道理和方法，很少會在心身上得獲好處。

②故特不珍敝帚以千金：脫自同出一源的兩個成語「敝帚自珍」和「敝帚千金」，比喻東西雖然簡陋，由於是自己的，卻看得很寶貴。本句反其意而用之，意為自己雖然很寶貴自己的太極拳術，但為了更多人從中獲益，特意不敝帚自珍而述之於書。

③太極拳……以演成：易，指《周易》。太極拳就是從太極八卦理論出發而形成的內家拳，理、氣、象是太極拳的本質。理，即客觀事物的本身規律與次序的道理。所謂得理，即得拳之功也。氣，是腰為主宰而起於腳的「氣」，實質上是人體傳遞性的力量，也就是「勁」。所謂得氣，即是得拳之勢。所謂得象，即是得拳之形。如果得理、養氣是為體，那麼象則為用。

按：太極拳老譜上所說的「氣」，實質上是練太極拳逐漸而成的傳遞性的力量。魏坤梁先生認為：它是一種能夠發生能量轉換的物理量，強度大的就稱為「勁」。這種「氣」的產生與小腹很有關係，由腳作用地面直接發生，經過鍛鍊可以由於全身各環節的「相向作用」傳遞至身體任何一個部位。發生使用後即消耗掉，不存在回到丹田。也就是說如果這種「氣」不發生，全身各處是不存在「氣」

的。這種「氣」是由運動神經直接支配的，既可以由意念影響運動神經間接參與指揮，也可以由「無意識」「潛意識」條件反射地控制，而與意念無關。太極拳鍛鍊如果兼練傳統內功，可以有利於這種「氣」的鍛鍊。這「氣」和「勁」的實質都是一種人體的「動量傳遞」。

④孔子所謂……久之自然能得其理矣：範圍，就是確立能涵蓋天地萬物變化的人類思維框架，以陰陽學說為核心，融天、人、地於一體的系統思維方式，確定與天地和順相生、人際間和諧相處的行為規範。本段意為，理、氣、象是太極拳的起源之根本，象者為拳之形、氣者為拳之勢、理者為拳之功，理氣兼備，舉手投足，無不逾矩，只有三者逐一完備，方能日趨「演成」。而習拳的順序，則應該是以象為先、繼為氣、最後自然得其理。學者尤其先求其象。（《正版》勘誤表：「其」為「宜」之誤植。《太極拳體用全書》附有勘誤表，以下應用時，簡稱為《正版》勘誤表。）

⊙太極拳之主體，貴在動靜有常[①]，故練時舉步之高低、伸手之疾徐、運動之輕重、進退之伸縮、氣息之宏細、顧盼之左右上下、腰頂背腹之俯仰，須知各有常度。不可忽高忽低，忽疾忽徐，忽輕忽重，忽伸忽縮，忽宏忽細，忽左右上下俯仰之不勻也。惟步之高低，手之疾徐，如能得有常度，則亦不必拘其高低疾徐之有一定法則也②。

⊙太極拳要點，凡十有三，曰沈肩垂肘，含胸拔背，氣沈丹田③，虛靈頂勁④，鬆腰胯，分虛實，上下相隨，用意不用力，內外相合，意氣相連，動中求靜，動靜合一，式式均勻。此十三點，凡一動作，皆要注意，不可無一式中而無此十三要點之觀念。缺一不可，學者希留意參合也。

【注釋】

①動靜有常：常，常規，法則。行動和靜止都有一定常規。指行動合乎規範。

②如能得有常度，則亦不必拘其高低疾徐之有一定法則也：此兩句接上句所說，學拳者如行拳走架能依遵規矩去練，而至心領神會階段，就可以不必拘泥於架子的高低、動作之急徐了。即熟能生巧，就可以隨我所用而變化無窮。

③氣沈丹田：即氣沉丹田。在太極拳運動中所謂運行於體內的「氣」，是指

激發動作時的傳遞性力量。丹田，臍至關元穴（臍下三寸正中）的一塊區域。氣沉丹田：是採用膈肌上下運動為主的腹式呼吸，並使之與拳式之蓄、發、開、合相結合。郝少如先生曾說：「以意引氣達於腹部，不使上浮，謂之氣沉丹田。」孫祿堂先生在傳授「鷹熊鬥智」的架子時，要求把「小腹放到大腿上」，這就是氣沉丹田的具體體現。

④虛靈頂勁：最常被說起的太極拳常用語之一。

按：何謂「頂勁」？現代太極拳界說法不一，有「頭頸筆挺直豎」說、有「頭頸用微力向上頂」說、有「頭頸上端後撐」說、有「下頜內扣，頸後與襯衣領接觸」說等，按照這些標新立異的錯誤說法去做，不僅會造成頭部或頸部過度緊張，從而妨礙了肩部以上應有的舒適放鬆，而且也不符合人體頸部自然前傾的生理曲度。太極拳要求頭頸必須能夠作出靈活的上仰下俯與左右轉動，而不是像儀仗隊執行禮儀任務或芭蕾舞表演時作頸部發僵之狀態。

我們不妨逐字來解詞義。

虛：指虛空、放鬆，如《管子・心術上》：「虛者萬物之始也。」靈：指人的精神意志，如劉勰《文心雕龍・情采》：「綜述性靈，敷寫器象。」（敷：陳述。器象：

指萬物）。頂：作名詞，本義指最高的部分，山頂、頭頂，如《淮南子》：「今不稱九天之頂，則言黃泉之底，是兩末之端議，何可以公論乎？」勁：指正直、剛正，如《荀子・儒效》：「行法志堅，不以私慾亂所聞；如是，則可謂勁士矣。」

上面所述的錯誤說法的產生，往往是用機械性的常規思維去理解字義所致，如果把「頂」和「勁」作動詞，分別看成是「支撐、抵住」和「力氣、力量」，那麼在理解上就必然導致偏差，也有悖於前輩的原意。「微微地頂，虛虛地領」其意就是說這「頂勁」是放鬆的，是精神意志上的，不是指外形，而是指意識，其理「不在外而在內」。楊澄甫曾對「虛靈頂勁」有明確的解說：「意含頂勁」，「頂勁非用力上頂，要空虛、要頭容正直，精神上提，不可氣貫於頂。」李雅軒在《隨筆》中解說：「頭部虛靈上頂，不是僵直上頂，要有活動虛靈的氣勢」，這些才是「頂勁」最本質的內涵。由此可見，「虛靈頂勁」就是「精神上提」的「頭容正直，」就是「神貫頂」而非「力貫頂」。

⊙本書之用法，為已熟練太極拳者，進一步而言也。故方向不必拘定，則四正四隅[①]皆可試用。如未熟練拳法者，不可躐等[②]而慣用法，恐素無根柢，終少成效。初學者，希細閱上圖之單人功架，久嫻體法，則用法不難而得也。

⊙太極拳只有一派，無二法門，不可自眩聰明，妄加增損。前賢成法，倘有可移易之處，自元、明迄今，已數百年，如有可改之處，昔人亦已先我行之矣，烏待吾輩乎？願後之學者，弗惟外之是騖，而為內之是求③。欲進精醇，期日可待。要之拳式細目，非取形似，必求意合。惟恐私心妄改，以誤傳誤，易失體用之真傳，以致湮沒昔賢之本意。茲照舊本校正，以垂為正範。

【注釋】

①四正四隅：《三十二目・八門五步》：「八門五步夫掤、攦、擠、按是四正之手。採、挒、肘、靠是四隅之手。」《太極拳論》：「掤攦擠按，即乾坤坎離，四正方也。採挒肘靠，即巽震兑艮，四斜角也。」

②躐等：逾越等級，不按次序。

③弗惟外之是鶩，而為內之是求：此句比喻不切實際地追求過高過遠的目標，語出自清·李漁《閒情偶寄·器玩·制度》：「但其構思落筆之初，未免馳高鶩遠。」有不少拳師以為此二句是談推手之技巧，這種解說是望詞猜義，斷章取義，忽視了上下句間的關聯。兩句意為不要有不切合實際的想法，而擅自更改套路或架勢，而應該依照正確的範本學習，在自身求得功夫。

⊙太極拳，非專為與有力者鬥狠而作。蓋三豐真人，創造柔拳，以資助道體之用。世之有願衛身養性，卻病延年者，無論騷人墨客，羸弱病夫，以至老幼閨人，皆可學習。有恆者，三載有成，若問其用，則在不用力，而卻不畏有力也。倘有大力者來襲我，以吾之至柔，自足以制勝者，蓋順其勢而取之也。衛身養性之要，亦曰順而守其弱也可，不然雖有勇力如賁育[①]者，亦非太極拳家之所取也。

⊙初學此拳式者，萬不可貪多，每日僅熟練一二式，則易窺其底蘊，多者僅得其皮毛耳。練畢弗即坐，須稍散步數圈，以調暢其氣血。

⊙炎夏練畢，弗用涼水盥手，恐其鬱火②。嚴冬練罷，宜速著衣，以免受涼。功夫宜寒暑增加，所謂夏練三伏，冬練三九，比春秋日勝。晨甫起床，及夜將就睡，兩時萬不可間斷，則功夫易見有成也。

⊙太極劍及槍、刀、戟等，當陸續刊行，以供同好。

【注釋】

①賁育：戰國時勇士孟賁和夏育的並稱。

②鬱火：泛指陽氣鬱結化火的證候。症見頭痛、目赤、口瘡、身熱、大便秘結、小便赤、舌紅苔黃、脈數實等。

按：一九四九年，楊守中先生贈予李雅軒先生一本《太極拳體用全書》（中華書局，一九四八年十月再版），之後，李雅軒先生在書眉上批註，對書中拳式的文字敘述記錄了自己的不同見解。一九九九年十月，《太極》雜誌一九九九年第5期發表了陳龍驤先生的《李雅軒先生對〈太極拳體用全書〉的眉批》一文。次年八月，該文又以《李雅軒對〈太極拳體用全書〉的批評》為題，在《武林》雜誌再次發表。一石激起千層浪，立刻引發了非議，甚至有文說道：「不論李雅軒當年如何認識，客觀上造成了人們感到他對自己老師的不敬。」《太極拳體用全書》署名「著者楊澄甫」，實際上文字部分出自鄭曼青先生之手。如果細品批語，可證李雅軒先生讀書之細、認識之徹、境界之高。同時，亦表明李雅軒先生「吾愛吾師，吾更愛真理」的高尚品德。

在「例言」第四條上，李雅軒先生眉批全文如下：

「老論中無含胸拔背之說，只有虛靈頂勁、氣沉丹田。亦無鬆肩垂肘之說。蓋氣沉丹田，一身鬆舒，含胸拔背、鬆肩垂肘自然有之。若單注意去作含胸拔背、鬆肩垂肘，恐與身心舒適有礙，學者不可不慎。尤不可專注意此十三點也。只須注意一身鬆舒，虛靈頂勁，氣沉丹田，則十三點自然有之，而且來的自然。否則必致勉強作出，與自然大有妨礙也。」

從中可以看出，李雅軒先生僅是帶著思索，對自己的師弟陳微明、鄭曼青兩先生，就「含胸拔背」在措辭上，談了可以進一步完善的自我認識，眉批中說的意思是太極拳的所有要領都具有整體性，不能孤立單獨地去強調某一點，其中並沒有認為「含胸拔背、鬆肩垂肘」是錯誤的，更沒有對其師表示不敬之言。並且，李雅軒先生在《太極拳的鍛鍊方法及其主要說明》（陳龍驤編著，《李雅軒楊氏太極拳法精解》，第71頁）一文中，就把「含胸拔背」說成是「必不可少的規則」之一。眾所周知，批書同讀書筆記，只是在讀書時有感而發的記錄，並非對外發表之作，因此，更不能把僅是指出楊澄甫老師的學生的行文措辭值得商榷，看成是針對楊澄甫老師，而實質是在批判《太極拳體用全書》的荒謬說法。

以《太極拳使用法》的內容為底稿，在由鄭曼青先生整理編輯的《太極拳體用全書》的「例言」部分，一改《太極拳使用法》「凡例」中「無論男女老幼皆相宜。小兒六歲以上，老者六十歲以外，皆能習學」的習練之對象，而為「世之有願衛身養性，卻病延年者，無論騷人墨客，羸弱病夫，以至老幼閨人，皆可學習」。鄭曼青在序中說道：「世之欲攝生養性者，手各一編，瞭若指掌。」

由此可見，《太極拳體用全書》在內容中，剔除了《太極拳使用法》中的楊家老拳譜《三十二目》中的相關內容和《大小太極解》《太極用法秘訣》《審敵法》《單人用功法》等珍貴的實戰文獻，以及多篇實戰「軼聞」，而成為一本以面向大眾習練為物件，以「養生為本，技擊為末」為宗旨，以「文」練為主導的太極拳教材。後來，鄭曼青先生在《鄭子太極拳十三篇》的「自序」中說道：「楊師澄甫以家傳絕業，未肯輕易教授，正恐傳非其人，故僅述體用之梗概，以傳乎世耳。」

葉大密先生在一九六七年六月二十五日寫的一篇《談談我的推手體會》（蔡光圻編著，《武當葉氏太極拳研究》，漢語大詞典出版社二〇〇五年版，第一一二頁）中，談到「靠壁運氣」的方法時寫道：「此法是先師河北永年楊澄甫老先生在滬時來我家親自傳授，師娘不知道，在他家是不會傳我的，故我異常感激，特志此以為紀念。」

從葉大密先生的這段話中，可以瞭解楊澄甫先生在主觀因素上，或會受到家眷約束的緣故，對於某些招術或特殊訓練方法的拳秘是不輕易外傳的。在楊祿禪先生普及太極拳之前，太極拳是封閉式的傳播，鮮為人知。

自楊祿禪先生三赴陳家溝，歷時十餘年，才學得陳長興先生絕密之拳技功夫，楊家之後均以專業授拳為生，除了如牛鏡軒、田兆麟等極個別弟子能夠得以全盤托出之待遇之外，這種習俗是不可能被輕易改變的。

由此可見，「正恐傳非其人」亦是當時收回《太極拳使用法》而焚毀，變《太極拳體用全書》以「衛身養性，卻病延年」為宗旨的重要原因。

太極拳體用全書

第一節　太極拳起勢

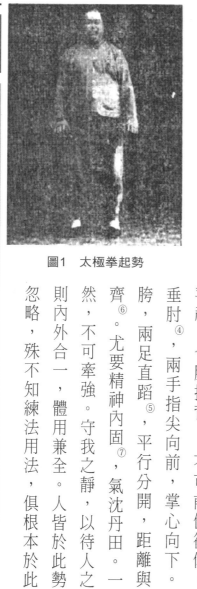

此為太極拳預備動作之姿勢[1]。立定時，頭宜正直，意含頂勁[2]，眼向前平視。含胸拔背[3]，不可前俯後仰。沈肩垂肘[4]，兩手指尖向前，掌心向下。鬆腰胯，兩足直蹈[5]，平行分開，距離與肩相齊[6]。尤要精神內固[7]，氣沈丹田。一任自然，不可牽強。守我之靜，以待人之動。則內外合一，體用兼全。人皆於此勢易為忽略，殊不知練法用法，俱根本於此。望

圖1　太極拳起勢

學者首當於此注意焉。（圖1）

【注釋】

①太極拳預備動作之姿勢：早期太極拳老譜不錄「預備」和「起勢」。預備勢，後有立名為「無極勢」或「太極勢」的。其內容主要有三：調身、調息、調神。《自修新法》：「太極拳預備勢，亦即是混元之站功。」

②頭宜正直，意含頂勁：指頭部的要領和狀態，即「虛靈頂勁」。楊澄甫在《太極拳十要》中解曰：「頂勁者，頭容正直，神貫於頂也。不可用力，用力則項強，氣血不能流通，須有虛靈自然之意。非有虛靈頂勁，則精神不能提起也。」張三豐《太極拳經》開篇便說的「順項貫頂」，指的就是「虛靈頂勁」。

③含胸拔背：楊澄甫在《太極拳十要》中解曰：「含胸者，胸略內涵，使氣沉於丹田也。胸忌挺出，挺出則氣壅胸際，上重下輕，腳跟易於浮起。拔背者，氣貼於背也，能含胸則自能拔背，能拔背則能力由脊發，所向無敵也。」

④沈肩垂肘：即「沉肩垂肘」。楊澄甫在《太極拳十要》中解曰：「沉肩者，肩鬆開下垂也。若不能鬆垂，兩肩端起，則氣亦隨之而上，全身皆不得力。墜肘者，肘往下鬆墜之意。肘若懸起，則肩不能沉，放人不遠，近於外家之斷勁矣。」

⑤蹈：《正版》勘誤表：「蹈」為「踏」之誤。後同，不另注。

⑥距離與肩相齊：「與肩同寬」，常見於武學書刊，常聞於拳師口授。問題之一是：從頸部到外側十五公分左右的區域都稱「肩」，此說的「肩」為這區域上的哪一個點？問題之二是：腳掌寬度一般在七至九公分，「與肩同寬」的是指腳內側，抑或腳外側？如此問題不明確，那就不免怎麼站都是「與肩同寬」了。奚桂忠在《楊式太極拳學練釋疑》一書中，對「與肩同寬」給出了較為科學的準則：「兩腳湧泉穴的距離宜與兩肩井穴同寬」，這樣，「則肩井穴、髖關節和湧泉穴在同一直線上，且（垂直）平行於人體中心線，身體重量自然沿著骨架往下，沿大腿、小腿平均地分佈到兩全腳掌，人體器官處於平衡狀態，利於全身鬆靜、穩定和舒適……兩臂前舉上掤時，勁力不會減弱，也不會分散。」

⑦精神內固：精神，指人的意識、思維活動和一般心理狀態。固，固守，內固於心。即《太極拳論》所說「神亦內斂」。

第二節　攬雀尾掤法①

攬雀尾為太極拳體用兼全之總手，即推手所謂黏連貼隨，往復不離不斷。遂以雀尾比喻手臂，故總名之曰：攬雀尾。其法有四，曰掤攦擠按。

掤法。由起勢，設敵人對面用左手擊我胸部，我將右足即向右側分開坐實，隨起左足往前蹈出一步，屈膝坐實，後腿伸直，遂為左實右虛。同時將左手提起至胸前，手心向內，肘間略垂，即以我之腕貼在彼之肘腕中間，用橫勁向前往上掤去，不可露呆板平直之像。則彼之力既[②]為我移動，彼之部位亦自不穩矣。（圖2）

圖2　攬雀尾掤法

【注釋】

①攬雀尾掤法：陳、吳、孫式作「懶紮衣」。明代戚繼光《拳經》中所編「三十二勢」亦以「懶紮衣」為第一勢。

按：有拳家認為，「攬雀尾」是「懶紮衣」的音轉，是在口授時以訛傳訛所致，注者認為，這種推測不盡合理。「紮衣」和「雀尾」並非同音字，且字形字義也相差甚遠，無論何種方言或何人抄寫，都無可能使其音轉或抄錯。當拳術由口授進入到文字記載階段時，各門拳派根據自身理解，對有關式名作出修訂，使拳式和式名更為貼切，因而會產生「術同名異」的情況。稱「懶紮衣」者，認為是古代拳家與人交手時「把長衫的下擺紮入衣帶」之意。而稱「攬雀尾」者則認為是「遂以雀尾比喻手臂」，或「兩手攬撫雀尾」之意。

「攬雀尾為太極拳體用兼全之總手」，其中包括了太極拳技擊法中最基本的掤、攦、擠、按四法，因此無論在盤架或推手中，拳家都把它當作基礎功夫來訓練，這也是其在套路中反覆出現的原因所在。歷來的太極拳家對「攬雀尾」或「懶紮衣」一勢都十分注重，因此留下不少專論。

「掤」在太極拳手法中列為八法之首，讀ㄆㄥˊ。如起勢為面向正南，此處為身朝正西方的左掤法，形似斜飛式。而陳微明在《太極拳術》中的同一左掤，則是身朝正南，說明拳架也在不斷改變發展之中。正如楊澄甫在《太極拳體用全書》中所言：「且翻閱十數年前之功架，又復不及近日，於此見斯術之無止境也。」

②既：為「即」之誤。即，立刻、隨之。

第三節　攬雀尾搌法

由前勢。設敵人用左手擊我側肋①部，我即將右足向右前正面蹈出，屈膝蹈實，左腳變虛，身亦同時向右面轉，眼隨往平看。左右手同時圓轉，往右前出動。右手在前，手心側向裡。左手在後，手心側向內，轉至右手心向下。左手心向上時，速將我右肘腕間，側貼彼肘節上，側仰左腕，以腕背粘彼之腕背臂上，向左外側。全身坐在左腿，左腳實，右腳虛。此時敵如進攻，我即內向胸前，左側搌來，則彼之根力拔起，身亦隨之傾斜矣。（圖3）

圖3　攬雀尾搌法

【注釋】

①肋：胸部的兩側，如「兩肋」「肋骨」。

按：《自修新法》對此式提出注意有兩點：第一，眼神始終隨頭部轉動向前平視。轉身時，眼神亦即收住。第二，身轉則手亦隨之轉動，身停則手動亦停。然而，手停後仍有動的餘力未停，曰「蕩」，也就是我們常說的「慣性」，當「慣性」未停又與動相接，這就成為太極拳的關鍵之處。正在「動」而停到「蕩」，「蕩」又接下一個「動」，這「動盪」和「蕩動」之間，決不可間斷。

第四節　攬雀尾擠法

由前勢。設敵人往回抽其臂，我即屈右膝。右腳實，左腿伸直，伸腰長往，隨之前進，眼神亦直前往上送去。同時速將右手腕①向外翻出，左手心貼我右之②腕臂間，向前往，乘其抽臂之際，隨出擠之，則敵必應手而跌矣。（圖4）

圖4　攬雀尾擠法

【注釋】

①手腕：為「手背」之誤。

②右之：《正版》勘誤表：「右之」為「之右」之誤。全句為「左手心貼我之右腕臂間」。

按：在田兆麟的《太極拳刀劍杆散手合編》（陳炎林著）的用法中，「左手心貼右腕臂」的「擠」出後，有一用右臂翻打的動作：「……己則屈右膝，伸腰腿，隨其勢向前擠進，至入筍時，將右肱部向外往上翻出。」入筍，即入榫，木匠用語，為嚴絲合縫之意。此處指雙手按到似直非直，著落於敵身之時。

關於《合編》，吳文翰先生在《太極拳書目考》中記載道：「陳炎林，名公，中醫傷科醫師。他的太極拳是跟田兆麟先生學習的，書中介紹的太極行功，拳勢，刀、劍、杆套路，都是田兆麟壯年時期的功架。拳理部分大半源於楊健侯贈與田兆麟的《太極拳譜解》，圖例是按田兆麟先生的弟子石煥堂等人的拳照勾描出來的，由於陳炎林在書中對田兆麟先生的授藝情況隻字不提，給讀者的印象是其拳藝直接來自楊家，而非田氏所授，不少人認為這是剽竊了人家物事，占為己有而不認帳的行為。」

第五節　攬雀尾按法

由前勢。設敵人乘勢從左側來擠，我即將兩腕，從左側往上用提勁，空其擠力。手指向上，手心向前，沉肩垂肘，坐腕，含胸，全身坐於左腿，速用兩手心按其肘及腕部，向前逼按去。屈右膝，坐實，伸左腿腰亦同時往前進攻，眼神隨動往前從上送去，則敵人即後仰跌出矣。（圖5）

圖5　攬雀尾按法

【注釋】

按：「手指向上，手心向前」。在李慶榮先生所著《楊澄甫太極拳體用全書淺釋》（以下簡稱《淺釋》）一書中，用汪永泉先生在《楊式太極拳述真》中的「兩手收向胸前，手心皆朝上」來「旁證」這一動作，「手心向前」和「手心朝上」兩者差別甚大，何以「旁證」？

按照李慶榮先生在《淺釋》中的說法，「楊澄甫太極拳……必須按《太極拳體用全書》和《太極拳使用法》中文字描述的動作進行和楊澄甫定型（一九三三年）的太極拳套路習練的，才稱為〈楊澄甫太極拳〉。」那麼，汪永泉先生所習練的是否是楊澄甫太極拳呢？據汪永泉先生在《楊式太極拳述真》中所述，他所傳授的「老六路」不同於楊澄甫先生，是楊健侯先生秘傳於他的，此說的真偽不在討論範圍，用汪永泉先生的拳說，來「旁證」楊澄甫太極拳顯然是違背了李慶榮先生的本意，而無明智之處。筆者不妨參照同樣是得以楊健侯先生傳授的田兆麟在《合編》中是怎樣說的：「（兩手收至胸前，與胸約距數寸）手指朝上，手掌向前……」，此說與楊澄甫先生所述完全合拍。由此可見，楊澄甫先生並未改變其父傳授之動作。

自二十世紀二〇年代以後，諸多出自楊門的文獻和太極拳家的著作已經清楚地勾劃了楊式太極拳拳架的基本輪廓和拳理的全部佐證。然而，隨著太極拳先師的相繼離世，太極拳界在近三十年內相繼出現了許多所謂私傳秘笈的新拳理，其荒誕程度幾乎迫近了《封神榜》中所描寫的神怪玄秘之說，使習練太極拳者感到有種不知所措的困惑而無所適從，對於太極拳這一珍貴文化遺產究竟應該怎樣去認識，應該是當前值得正視的問題。

在《太極拳使用法》「對敵圖・攬雀尾使用法」中，僅陳述「按」法之用。《自修新法》在此節有重要提示：「要注意著手須隨腰動盪，不得自由動作。切記，切記。」

第六節　單　鞭

由前勢。設敵人從身後來擊，我即將重身移在左腳，右腳尖翹起，向左側轉動坐實①。左右手平肩提起，手心向下，一致隨腰，左右往復蕩動，以稱轉動之勢。兩手蕩至左方時，乃將右手五指合攏，下垂做吊字式。此時左掌暫駐腰間，與吊手相抱，手心朝上②右足就原位，向左後轉動翻身向後，左足提起，偏左蹈出。屈膝坐實，右腿伸直，同時轉腰。

圖6　單　鞭

左手向裡，由面前經過，往左伸出一掌，手心朝外，鬆腰胯，向敵之胸部逼去。沈肩，垂肘，坐腕，眼神隨之前往，俱要同一時動作，則敵人未有不應手而倒。（圖6）

【注釋】

①我即……坐實：《正版》勘誤表：「身」為「心」之誤。此動在《太極拳使用法》中為虛腳扣轉：「右足就原地向左轉動。」

按：「向敵之胸部逼去」句：在《太極拳使用法‧對敵圖‧單鞭使用法》中為「左手迎敵將人打出」。逼，切近、威脅，左手不觸碰對方，對方也不會「應手而倒」。打，攻擊，左手直接觸碰對方。兩者用法明顯不同。田兆麟的《合編》中為「按擊」；董英傑的《太極拳釋義》中為「推」；曾昭然的《太極拳全書》中為「進擊」，三者均為攻擊手法，故「逼」字疑誤。

《自修新法》在此式有提示：「凡有手足之動作，皆須隨腰胯轉動，不可自由擺動。……此式為太極拳最開展之功架，亦為站功中之一開展樁，須多加注意，多多練習為佳。」

李慶榮先生在《淺釋》的「緣起」中作如下說明：「以《太極拳體用全書》和《太極拳使用法》中的文字描述為準繩。」其實並非如此，他在「單鞭」的「旁證」中記錄：「由攬雀尾按式，設敵人從身後自上輪拳泰山壓頂打來，我速右足就原地向左轉動，左足提起（楊公強調：右足原地轉動，左足提起，即重心在右腳轉動。）」此句出於《太極拳使用法・單鞭使用法》，經修改幾個字後作為「旁證」錄入。李慶榮先生無非是想說明在攬雀尾按式後，單鞭的轉身為右腳不向左腳即移動重心的實腳扣轉，而有意回避《太極拳體用全書・單鞭》中「由前勢。設敵人從身後來擊，我即將重身移在左腳，右腳尖翹起，向左側轉動坐實」的重心兩次移動過程之描述。

在楊式傳統太極拳中，由「攬雀尾按勢」承接「單鞭」時的動勢，究竟是「虛腳扣轉」還是「實腳扣轉」，令人困惑不已，以至於至今還在爭論不休。胡克禹先生在《「十八圖」風波與「實腳轉」原則》（《武當》二〇〇九年第10期，以下簡稱《原則》）一文中把「虛腳扣轉」和「實腳扣轉」的問題認為是「無頭公案」，並提高到「原則」上來論述「實腳轉」的必要性。我們可以透過前輩的著述，看看楊式太極拳在「單鞭」一動上是如何演進的。

直接從學於楊健侯先師的許禹生的《太極拳勢圖解》（京城印書局一九二一年版）是關於太極拳論述的近代第一部著作，他在「（3）單鞭式」中說「右腳尖微向左前轉」，其中沒有提及重心轉換。其弟子王新午在《太極拳法闡宗》（西安啟新印書館一九四二年六月版）中「（3）單鞭式」中說的比較明確：「全身重點暫寄右足」，由此可見，楊健侯先師傳授的「單鞭」是「實腳扣轉」。

健侯先師之子楊澄甫先生留存的三本楊式太極拳論著均由其弟子筆錄而成。陳微明先生在楊澄甫公的口授之作《太極拳術》（中華書局一九二五年初版）「單鞭」中說：「兩手與腰復同時往回鬆……右足向西者，將足跟轉動，使足尖向南。」其中「兩手與腰復同時往回鬆」即為重心轉移至左腳的過程，可以理解為「虛腳扣轉」。時過六年，楊澄甫公在《太極拳使用法》第五節「單鞭用法」中說明：「由前勢設敵人從我身後來襲……右足就原地向左轉動。」此處改為「實腳扣轉」。

三年後，楊澄甫公在《太極拳體用全書》第六節「單鞭」中作了「虛腳扣轉」的改動：「由前勢。設敵人從身後來襲。我即將重心移到左腳。右腳尖翹起。向左側轉動坐實。」這裡，我們不難看出在歷時近十年裡，楊澄甫公的「單鞭」在三本拳書中經過了「虛腳扣轉」——「實腳扣轉」——「虛腳扣轉」的演變調整過程，「虛腳扣轉」成為「單鞭」的最終定型。

奚桂忠先生在《楊式太極拳學練釋疑》（北京體育大學出版社二〇〇八年一月版，以下簡稱《釋疑》）中提出以「實腳轉」為宜，他說：「目前流行的傳統楊式太極拳是由楊公澄甫定型的，但楊公之拳應分為兩個時期（宜以一九二八年左右為界），其拳照和練法自然會有所不同，誠如楊公在《太極拳體用全書》中指出〈翻閱十數年前之功架，又復不及近日。〉對一個拳師來說，不斷提高技藝，改進拳技非常正常和符合事物發展規律的現象……因為虛腳轉和實腳轉都是楊祖師傳下來的練法，只不過是虛腳轉在前，實腳轉在後而已。」這種模糊說法值得探討，更不能成為「實腳扣轉」練法之依據。

其一，以一九二八年為分界的「楊公之拳」的「兩個時期」是否就是指向「虛」「實」轉腳的兩個時期？一九二八年的「分界」是否因為在《太極拳使用法》中改為「實腳扣轉」之故？那麼，六年後的《太極拳體用全書》再改為「虛腳扣轉」是否要再做個「分界」？

其二，「翻閱十數年前之功架，又復不及近日」之言是楊澄甫公在《太極拳體用全書》中針對一九三四年的前十年所述，顯然這裡所言之「功架」似乎與「虛、實扣轉」無多大關係，如果真有關係，那麼，楊公在這裡偏偏又把「實腳扣轉」改為「虛腳扣轉」是否應該視為對《太極拳使用法》的校正？

其三，我非常贊同「虛腳轉和實腳轉都是楊祖師傳下來的練法」之說，但是從楊公口述三本書的次序來看，「虛腳轉在前，實腳轉在後」的定論只不過是停留在《太極拳使用法》的一九三一年而已。

楊澄甫公曾在《太極拳使用法》的傳拳譜中列出「澄甫老師傳」的傳人四十四位，除了上面提到的陳微明，我們可以看看這些嫡傳們是怎麼理解的。

《太極拳使用法》中的「單鞭」為「實腳扣轉」，曾編輯該書的董英傑先生在十七年後所著的《太極拳釋義》「四式單鞭」中說：「由上式雙手微上提……全身重心移到左腿……自身轉回右方時。全身重心移回右腿。」

先從學與楊健侯先生，後拜楊澄甫先生為師的田兆麟在《合編》「八、單鞭」中寫道：「由前按式……全身重心先寄於左腿，後移於右腿。」與田兆麟有著相同學拳經歷的是牛鏡軒，由牛筱靈女士為其先父牛鏡軒整理的《牛春明太極拳》（浙江科學技術出版社一九九八年九月版）第三式「單鞭」中寫道：「接按勢，坐左腿，兩手隨腰胯往後鬆動。」由此可以看出，他們在「單鞭」的習練上，是由「實腳扣轉」而最終改變為「虛腳扣轉」的。

陳龍驤在《李雅軒楊氏太極拳法精解》「單鞭掌」中說：「上身以腰脊領動向左轉體，身體重心漸移左腿。」他在《李雅軒楊氏太極拳架精解》「四、支撐八面單鞭掌」中特別強調說：「……先師的右腳尖是向內扣轉的，就是說明一定重心移到左腿時，右腳尖才內扣，虛實一定要分清。」

崔毅士一〇八式的「單鞭」練法亦是「虛腳扣轉」，這在其孫崔仲三的太極拳著述和教學視頻中可以看到。

于化行在《太極拳全書》（民眾書店一九三六年四月版）第八式中說：「由前式……全身重量徐徐移於左腿；同時，上身以腰作軸，兩手向左轉動。」

楊澄甫公的長子楊振銘和次子楊振基皆在四十四位傳人中，田兆麟在《合編》中曾說：「在繼承楊家拳術方面，以振銘和振基的武藝較為精良。」楊振銘儘管沒有著述留世，但是我們仍然可以在他七十歲時的錄影中看到虛腳扣轉的練法。

楊振基先生在《楊澄甫式太極拳》（廣西民族出版社一九九三年版）第三式「單鞭」中說：「動作18：重心移到左腿，右腳前掌稍離地，身體向後直坐，帶動雙手後移，兩掌變坡掌手心斜向下。」在「單鞭」的「注意事項」中，楊振基先生指出：「楊式太極拳在動作轉換方向時，不是以實腿扭轉的，要求實腿變虛後腰帶虛腿轉……沒有獨立的轉腳掌（腳掌外撇、內扣）的動作。」他特別強調：「這種兩腳由實變虛，腰帶虛腿腳掌轉動的練法，貫穿到以後的動作中去。這種練法是楊家祖傳。」

楊澄甫公的三子楊振鐸和四子楊振國當時尚年幼，因此沒被列為傳人。楊澄甫公一九三六年去世後，他們隨母親侯助清返回老家河北永年廣府鎮，在母親的督促、教導下，跟兄弟們一起刻苦練拳，得到了很好的傳承。楊振鐸先生在《楊氏太極拳・劍・刀》（山西科技出版社一九九二年版）第四式「單鞭」動作一中說：「重心向後移坐左腿，使右腳掌微離地面。」並在「口訣」中強調「重心後移」。楊振國先生在楊式太極拳的教學片中也是使用虛腳扣轉的教練法。

綜上所述，關於「單鞭」是「虛腳扣轉」還是「實腳扣轉」的結論已經十分明確，並非如胡克禹先生所說「長期以來，在楊式傳人中一直爭論不休，甚至楊家門人、親族傳人說法也不同，各執其辭」。

我們還可以看看楊澄甫公其他弟子在著述中關於「虛腳扣轉」的例證。

鄭曼青先生在《自修新法》「單鞭」中說：「由前式，將重心移於左腿，屈膝坐實。」

吳志青先生在《太極正宗》（大東書局一九三六年版）中把「單鞭」啟動式放在「攬雀尾」的第十一動式來解：「兩手腕下彎，同時腰胯向左扭轉……同時左腳由直而變曲，右腳由曲而伸直，成左弓勢。」

在由傅鍾文先生演述、周元龍先生筆錄的《楊式太極拳》（人民體育出版社一九六三年版）一書中，「第四式單鞭」動作一的第一句就是「重心漸漸移於左腿」。奚桂忠先生在《釋疑》中說：「根據傅師（傅鍾文）的遺言……（圖18）是虛腳轉，應改為實腳轉。」

胡克禹先生在《原則》一文中說的更為詳細：「《楊式太極拳》一出，即引起了虛腳碾轉的〈十八圖風波〉。因為傅鍾文老師平時教學生都是實腳轉換，而且經常強調實腳轉的好處。而書中的十八圖卻畫成了虛腳轉換，傅老師發現這個問題後，寢食不安，怕此書廣泛發行流傳而誤人子弟，並影響楊家太極拳以至楊澄甫的聲譽，就主動聯繫負責審校的顧留馨，慎重提出要求更正。然而此書因種種原因而未能糾正，這成了傅老師的一塊心病。」

如果參照楊澄甫的《太極拳體用全書》中的「單鞭」習練要求，傅老師根本無須「寢食不安」，「虛腳扣轉」既沒「誤人子弟」，也不存在「影響楊家太極拳以至楊澄甫的聲譽」之說。值得一提的是，至今我們仍然可以在視頻中見到傅鍾文先生晚年演練的傳統楊式85式太極拳的幾個版本中，均是採用「虛腳扣轉」的練法，由此可見，上述兩位的說法僅為一家之說。

《楊式太極拳正宗》（三秦出版社一九九二年版）一書的著者為趙斌、趙幼斌和路迪民三位先生，在「第四式單鞭」中的講解是「實腳扣轉」：「以右腳跟為軸，右腳尖微翹，儘量內扣約一三五度，重心仍在右腿。」不過，我們仍然可以在趙斌先生晚年的視頻中，看到身體後移的「虛腳扣轉」的習練拳架。

何謂「原則」？原則是觀察問題、處理問題的準則，只有正確反映事物的客觀規律的原則才是正確的。在「單鞭」習練中，「虛腳扣轉」和「實腳扣轉」本來都是楊家太極拳從創始到定型過程中的組成部分，楊澄甫公在拳架定型的過程中也經歷了「虛腳扣轉」——「實腳扣轉」——「虛腳扣轉」的調整過程，可以想像他的弟子們也會在學拳過程中的不同時期受到兩種扣轉的教授。根據以上摘錄，可以窺見老一輩傳人都視楊澄甫公的最後定型架「為正範」，遵循著「虛腳扣轉」的準則來進行習練與傳授。

其實，主張「實腳扣轉」能練腿力也好，認定「虛腳扣轉」不傷膝蓋也罷，是在具體運用中隨機應變的技術問題，如果作為養生來習練，可以根據個人不同的具體情況而定，練舒服了就好，練彆扭了就改，改變的是方法，不變的是傳承。只是，別拿「原則」來說事。

在李慶榮先生的《淺釋》一書中，對楊澄甫先生拳架的「準繩」是以王志遠先生、奚桂忠先生（師門傳鍾文）、龐大明先生（師門趙斌）、顧留馨先生（沒有傳承）、玉昆子（學於祖父韓其昌，與楊澄甫太極拳無關）等人來進行「旁證」的，這不免有失權威。應該說，要詮釋「楊澄甫式太極拳」最有說服力的就是楊澄甫先生的弟子們，其中留有太極拳著作的有田兆麟、董英傑、牛鏡軒、陳微明、崔毅士（崔仲三著）、李雅軒（陳龍驤著）、楊振基、于化行、楊振鐸等，而這些楊氏太極拳家的著作卻沒作為「準繩」，鮮見於「旁證」，因此，這本對楊澄甫太極拳的《淺釋》其實質只是雜說。

李雅軒先生在「單鞭」頁上的眉批：「此勢不說往左虛帶對手之來手，亦不說鉤手之往右鉤掛之作用，不知何意？以上不合理之動作，皆出自鄭曼青弟之自造，未隨時請教吾師之故也。」

關於左手和右鉤掛的作用，鄭曼青先生確實沒有提及。田兆麟在《合編》的用法中說：「人左拳擊到左胸部，己以左手分開，按其左肩。人右拳擊己右胸部，己右手勾開，以右手腕背（或拳）攻其胸口。」崔仲三在《圖解》的用法中說：「對方從左後上打來，我即轉手用左採手化解……用勾手勾掛對方的進攻，用勾背進擊對方下頜和胸部，以左雲掌進擊對方臉面。」

眉批中「皆出自鄭曼青弟之自造」為感歎，「未隨時請教吾師之故」為對先師之尊重。無可非議。

②此處遺漏句讀，應為逗號。

第七節　提手上式

由前勢。設敵人自右側來擊，我即將身由左向右側回轉，左足隨向右側移動。右足提起向前進步，腳跟點地，腳尖虛懸。全身坐在左腿上，胸含背拔，鬆腰[1]眼前視。同時，將兩手互相往裡提合，是為一合勁。右手在前，左手在後，兩手心左右相向。兩腕提至與敵人之肘腕相啣[2]接時，須含蓄其

勢，以待敵人之變。或即時將右手心反向上，用左手掌合於我右腕上，擠出亦可。身法步法，與擠亦有相通處。（圖7）

【注釋】

①此處遺漏句讀，應為逗號。

②啣：《正版》勘誤表：「啣」為「銜」之誤，其實兩字為通用，均為「連接」之意。

圖7　提手上式

按：李雅軒先生在「提手上式」頁上的眉批：「此勢只說擠之作用，未說提手之提的作用。又本為左腳實，右腳虛，是一虛含化之意思，亦未說及。若曰合勁之作用，不當兩腳一虛一實也。此皆是曼青學拳未久，不懂拳意，自己想造而來。」

金仁霖老師認為：「此節眉批中提出的『若曰合勁之作用，不當兩腳一虛一實也』，則合勁自然不可能兩腳皆虛，定必是兩腳皆實的了。這個合勁的概念值得愛好者商榷。」

「提手上式」是應付對手從右面來襲而用「提勁」拔起對方，使其失去根基的招式，如果對手見狀回撤，那麼，順應變化而使用「擠勁」進擊則更為有效。如果對方來襲，擊我肋部，我用「提手下式」以雙肘壓住對方雙臂，並撤步後引，使其失卻重心也不失為有效招法。

《太極拳使用法・對敵圖》中說：「提手用法有二，提上打、沉下打皆可也。」董英傑的《太極拳釋義》中說：「如若雙手自單鞭式往下合勁，不作提手寓提上意，為提手寓上式。」田兆麟歸納「提手上勢」用法有六，其中包含掤、搓、採、搬、閃、擠、踢、撅等招法。此所謂「一手變五手」也。

太極拳在實戰中，招式運用並非一成不變，所謂「靈則動、動則變」，「掌」「拳」之變、「蹬」「踩」「踢」之變、「上勢」「下勢」之變等等的瞬息轉換，往往是贏取對手的重要因素。在對練或實戰中根據實際情況，能靈活多變地使用合理招式的拳者，往往能反映出其所具備的技擊素質，即反應能力、動作速度和功力深厚。

眉批所說「此皆是曼青學拳未久，不懂拳意，自己想造而來」，亦非有詆毀之意。據「鄭序」可知，自鄭曼青學拳至整理《太極拳體用全書》，的確時間不長。

第八節　白鶴晾翅

由前勢。設敵人從我身左側，用雙手來擊。我速將右腳收回，即提起直前蹈出，稍屈坐實，身隨右腳同時轉向左方正面，左腳移至右腳前，腳尖點地。左手心同時合於右手肘裡，沉下至腹時，右手隨沉隨起，提獲[1]至右頭角上展開，右手心向上側。左手急往下，從左側向下展開至左胯旁，手心向下，則彼之力即分散而不整矣。（圖8）

圖8　白鶴晾翅

【注釋】

①獲：《正版》勘誤表：「獲」為「護」之誤植。

按：白鶴亮翅，舊稱「白鵝亮翅」。陳鑫《陳氏太極拳圖說》（開明印刷局一九三三年版）中，有關於對「白鵝亮翅」釋名的七言俚語兩首：「閑來無事看白鵝，右翅舒展又一波。兩手引來委峰勢，奚殊秋水出太阿。」

「元氣何從識太和，右碾兩手弄秋螺。北方引進神機足，亮翅由來有白鵝。」並加注讚頌云：「人之涵養，元氣如鵝，伏而不動，以養精神。」

現稱的「白鶴亮翅」最早見諸許禹生的《太極拳拳勢圖解》（京城印書局1921年版）的「白鶴亮翅式」：「此式分展兩臂，斜開作鳥翼形。兩手兩足，皆一上一下，一伸一屈，如鶴之展翅故名。華佗五禽戲之鳥形，婆羅門導引術第四式之鶴舉、第十二式之鳳凰展翅，閩之鶴拳均取此意也。」

吳文翰在《武派太極拳體用全書》（北京體育大學出版社2001年版）中，對「白鶴亮翅」的式名作了比較妥貼的解釋：「本勢舊名『白鵝亮翅』。後人認為鵝呆頭呆腦，步履蹣跚，不如白鶴翱翔長空，飄逸瀟灑。又鶴是長壽之禽，從而易名『白鶴亮翅』」。

另有稱為「白鶴晾翅」的（見《太極拳體用全書・第八節》），「晾」的意思僅為「把東西放在通風或陰涼的地方使乾燥」，「亮」則為「顯露、高潔」之意，與拳式更為貼切，因此已被廣泛使用。

本式技擊用法未詳，在《太極拳使用法・對敵圖・白鵝亮翅用法》中為：「身法再往上長，往外掤勁將乙打出」。

第九節　左摟膝拗步①

由前勢。設敵從我左側中、下二部，用手或足來擊。我將身往下一沉，實力暫寄於右腿。左足即提起向前踏出一步，屈膝坐實，右足亦隨之伸直。左手同時轉上至右胸前向左外往下，將敵人之手或足摟開。右手同時仰手心垂下，直往後右側輪轉旋上至耳旁，張掌，手心朝前，沉肩墜肘，坐腕鬆腰前進，眼神亦隨之前往，向敵人之胸部按去。身手各部須合成一勁，意亦揚長前往，便為得力。（圖9）

圖9　左摟膝拗步

【注釋】

①拗步：拗，同「拗」，不順暢之意。在太極拳架勢中，凡左足在前而出右手狀，或右足在前而出左手狀，皆稱為「拗步」。後同，不另注。

按：「我將身往下一沉」三句：太極拳所要求的「鬆」，其目的就是為了「沉」，「沉」是實現輕靈、穩定的前提，只有能「沉」，才能不輕易被人牽動。

有拳家比喻得好：一個空紙杯很容易被碰倒，若杯中盛了水就不易被碰倒了；又如吊塔只有在塔基沉穩的情況下，吊臂才能靈活轉動。由此可見，「將身往下一沉」就是為了讓下肢承擔體重，使「實力暫寄於右腿」就是以一足承擔全身重量，即楊澄甫先生所說的「偏沉」。達到這樣的「虛實分明」，就能使「左足」輕靈自如地「提起向前踏出一步」。「向敵人之胸部按去」句，在《太極拳使用法・對敵圖・摟膝拗步用法》中為：「直往乙胸前拍去」，「伸指掌拍乙胸前，要掌心去勁」。按，按擊。拍，拍打。兩者之用意，閱者自能細辨。

第十節　手揮琵琶式

由前勢。設敵人用右手來擊我胸部，我即含胸，屈右膝坐實。左腳隨稍往後提，腳跟著地，收蓄其氣勢。

右手同時往後收合，緣彼腕下繞過，即以我之腕黏貼彼之腕，隨用右手攏合其腕內部，往右側下採捺之。

左手亦同時由左前往上收合，以我之掌腕，黏貼彼之肘部，作抱琵琶狀。此時能立定重身①，左捌右採，蓄我之勢，以觀其變。故謂之手揮琵琶也。（圖10）

【注釋】

①身：《正版》勘誤表：「身」為「心」之誤。

圖10　手揮琵琶式

按：「蓄我之勢，以觀其變。」此句為以靜待動之態勢。在《太極拳使用法·對敵圖·手揮琵琶用法》中則為欲將對方提起拔空：「甲指掌俱要伸開，手心用力，將乙膊托直，將乙的前足尖提起，使乙不得力也。」

李雅軒先生在「扇通背」頁上的眉批：「此勢明明是往後虛掛，以空彼之來勁的作用。今說捺、說捌，顯見我手又抓有提，太不

圖11　左摟膝拗步

老實，與太極拳之虛領玄妙不合，此皆曼青之弄錯耳。」

對照《太極拳使用法》之說明：「由前勢。設敵人用右手來擊或按我胸部。（我即）含胸，屈（右）膝坐實，左腳隨往後稍提，腳跟著地，腳掌虛懸，右手同時往後合收，緣彼腕下繞過，即以我之腕黏貼彼之腕，隨用（右）手攏合其腕內部，往右側下採捺之。左手亦同時由左往前往上合收，以我掌腕中（間）黏貼彼之肘部，往右分錯之，或兩手心前後側相映，如抱琵琶狀，蓄我之勢以觀其變。」

第十一節　左摟膝拗步

此式與上第九節用法說明同。（圖11）

圖12　右摟膝拗步

第十二節　右摟膝拗步

此式亦與上第九節動作用法說明同，惟將左右動作一更易便是，故不贅，可參閱上節，自能領會。（圖12）

圖13　左摟膝拗步

第十三節　左摟膝拗步

用法與說明同上。（圖13）

圖14　手揮琵琶式

圖15　左摟膝拗步

第十四節　手揮琵琶式

同上第十節。（圖14）

第十五節　左摟膝拗步

用法說明同上。（圖15）

第十六節　進步搬攔捶

由前式。設敵人用右手來擊，我即將左足微向左側分開，腰隨往左扭轉，左手即往後翻轉至左耳邊，手心向下，右手俯腕，隨轉至左脇①間，握拳。翻腕向右轉腰，右拳隨之旋轉至右脇下，此謂之搬。同時提起右腳側右踏實，鬆腰胯沈下，左手即從左額角旁側掌平向前擊，謂之攔。左足同時提起踏出一步，坐實，右足伸直，右手拳即隨腰腿一致向前打出。

然此拳之妙用，全在化人擊來之右拳。先以我之右手腕，黏彼之右手腕，從左脇上搬至右脇下。其時。恐敵人抽臂換步，即將左手直前隨步追去，寓有開勁。攔其右手時，即速將我右拳，向敵胸前擊去，則敵不遑避，必為我所中。此拳之妙用，所以全在搬攔之合法也。（圖16）

圖16　進步搬攔捶

【注釋】

①脇：從腋下到肋骨盡處的部分。

第十七節 如封似閉

由前式。設敵人以左手握我右拳，我即仰左手穿過右肘下，以手心緣肘護臂，向敵左手腕格去。如敵欲換手按來，我即將右拳伸開，向懷內抽析[1]，至兩手心朝裡斜交，如成一斜交十字封條形，使敵手不得進，猶如盜來即閉戶，此謂之如封之意也。同時含胸坐胯，隨即分開，變為兩手心向敵肘腕按住，使不得走化，又不得分開，此謂之如[2]閉，如閉其門不得開也。隨急用長勁，照按式按去，眼前看，腰進攻，左腿屈膝坐實，右腿隨胯伸直，合一勁，向敵擊去，此為合法。（圖17）

圖17 如封似閉

【注釋】

①析：《正版》勘誤表中誤為「析」，應

為「折」之誤。

②如：《正版》勘誤表：「如」為「似」之誤。後「如閉」同此。

按：此式中「隨急用長勁，照按式按去」兩句，在《太極拳使用法・對敵圖・如封似閉用法》中則為：「雙手按勁往前推去。」按含內勁之意，推則多為拙力，兩者意不相同，閱者自能細辨。

第十八節　十字手

由前式。設有敵人，由右側自上打下，我急將右臂，自右向上大展分開，身亦同時向右轉，左腳與右腳合，兩手由上分開，復從下相合，結成一十字形。全身坐在左腳，右腳即提起，向左收回半步，兩腳直踏，如起式。此一開一合勁也。

際我用開勁分敵之手時，正恐敵先我乘虛由我胸部襲擊，故我即結兩手成一合勁。其時手心朝裡，將敵之臂部棚①住。如敵變雙手按來，我即用

圖18　十字手

圖19　抱虎歸山

雙手將敵手由內往左右分開，手心朝上或向下均可。惟結成十字手時，同時腰膝稍鬆，往下一沉，則敵所向之力，即自散失不整矣。（圖18）

【注釋】

①掤：《正版》勘誤表：「棚」為「掤」之誤。

第十九節　抱虎歸山

由前式。設敵人向我右側、後身迫近擊來，未遑辨別其用手，或用腳時，急轉腰分開兩手，踏出右步，屈膝坐實，左腿伸直，右手隨腰向右方敵人腰間摟去，復

圖20　抱虎歸山攌式

圖21　抱虎歸山擠式

抱回，左手亦急隨之往前按。故右手先用覆腕摟去，旋用仰掌收回，如作抱虎式。倘敵人手腳甚快，未能為我抱住，但僅為我摟開或按出，則彼復換左手擊來，我即用攌勢攌回。故下附攬雀尾三式，攌擠按同上。（圖19）

一　抱虎歸山攌式（圖20）

二　抱虎歸山擠式（圖21）

三　抱虎歸山按式（圖22）

【注釋】

按：此式所述用法有二，一為「向右方敵人腰間摟去，復抱回」，二為「即用攌勢攌回」，再以「擠」「按」應之。在《太極拳

圖22　抱虎歸山按式

使用法・對敵圖・抱虎歸山用法》中則是，一為右轉身後用左摟膝拗步之勢擊打，二是「再用右膊拗抱敵人之身腰擒起，猶如壯士捉虎歸山之勢」。此式轉身後用法多變，田兆麟的《合編》中有用「左掌橫摑其面部」，右手隨後「擊其頭部……同時以右肱掤擊之」。一手變五手，一切皆視情而變之。

第二十節　肘底看捶

由前勢。如敵人自後方來擊，我即轉身，其動作如上單鞭轉身式，可參用。迨[1]身將翻轉正面時，左腳直向正面踏實，右腳即偏向右前，踏出半步。坐即時，則左腳提起，腳尖翹起，兩手平肩，同時隨身向左轉，此時即用左手腕外平接敵人右手腕，向右推開，至其失卻中定時，即將左手指下

圖23　肘底看捶

垂，緣[2]彼腕間，向內纏繞一小圈。右手同時向左，與其左手相接，自上黏合，則彼之左右手都處背境，而失其所向。我即將左腕，抑其右腕，右手急握拳，轉至左肘底，虎口朝上，以宿[3]其勢，向機而發，未有不應聲而倒。此之謂肘底看捶也。（圖23）

【注釋】

①迨：音ㄉㄞˋ，待到、趁。

②緣：順著。

③宿：《正版》勘誤表：「宿」為「蓄」之誤。蓄：此處為控制、鎖定之意。

按：此式「右手急握拳，轉至左肘底，虎口朝上，以宿其勢，向機而發」中漏缺右手的攻擊部位。在《太極拳使用法·對敵圖·肘底看捶用法》中為：「隨用右拳打乙右脅。」田兆麟《合編》的此式中用法有三：①當兩手均被對方封閉時，「左掌撲其面部，或叉其喉部，右拳同時攻擊彼胸口」。②用左手托起對方打來之右手，「用右拳擊彼胸口或肋部」。③用左手控制對方打來之左手，「右手還擊彼左太陽穴」或「攻其下頜」。

第二十一節　倒攆猴

由前式。設有敵人用右手，緊握我手左腕，或小臂間，倘又以左手托住我肘底拳，則我先受其制，不得施展，時即翻仰左掌①，用沈勁鬆腰胯，向左後縮回，左腳亦退後一步，屈膝坐實，右腳變虛，則敵之握力頓失。右手同時向後分開，至其失卻握力時，急向前按去。此式雖然倒退一步，仍可攆去敵勁。故謂之倒攆猴，其要尤在鬆肩沈氣也。（圖24）

【注釋】

①「不得」兩句：誤植在逗號後。兩句為「不得施展時，即翻仰左掌」，見《正版》勘誤表。

按：「急向前按去」，田兆麟在《合編》中謂「隨勢撲擊其面部」。

圖24　倒攆猴

圖25　倒攆猴

在《太極拳使用法・對敵圖・倒攆猴用法》中說道，倒攆猴是破對方「進步拉鑽錘」之招式的，如右拳以直拳打來，右足進一步，隨後左拳以直拳打來，左足進一步，以此連續左右進擊，猶如形意拳中之劈拳，謂「進步拉鑽錘」。

第二十二節　倒攆猴

附左右倒攆猴同一意，其身法步法，及姿勢皆相似。練法退三步、五步、七步均可，但以右手在前為止。（圖25）

第二十三節　斜飛式

由前式。如敵人自右側，向我上部打

圖27　提　手

圖26　斜飛式

來，或用力壓我右臂腕，我即乘勢往下沉合蓄勁，隨即將右手向右上角分展，用開勁斜擊。同時踏出右步，屈膝坐實，似成一斜飛式，其用意亦須稱其勢也。（圖26）

【注釋】

按：此式右手動作為「向右上角分展，用開勁斜擊」。《太極拳使用法・對敵圖・斜飛式用法》中右手為「如大鵬展翅，往斜上方掤去」。可見「開勁斜擊」為掤勁。

第二十四節　提手

同上第七節。（圖27）

圖28　白鶴晾翅

圖29　摟膝拗步

第二十五節　白鶴晾翅

同上第八節。（圖28）

第二十六節　摟膝拗步

同上第九節。（圖29）

第二十七節　海底針

由前式。設敵人用右手牽住我右腕，我即屈右肘坐右腳，轉腰提回。手心向左，腳亦隨之收回，腳尖點地。如敵仍未撤①手，更欲乘勢襲我，我即將右腕順勢鬆動，折腰往下一沉，眼神前看，指尖下垂，其意如探海底之針。

此時雖欲採欲戰，皆往復成一直力，不意為我一挫，則其根力自斷，便可乘虛進擊也。（圖30）

圖30　海底針

【注釋】

①撤：《正版》勘誤表：「撤」為「撒」之誤。撤手為收回之意。撒手為放開之意。其意不同。

按：此式中，「右腕順勢鬆動，折腰往下一沉」僅為體表之述。《太極拳使用法·對敵圖·海底針用法》中先明內蓄「身足往回縮勁」為開弓之備，後述「右手用力往下伸肱直送下」為放箭之用。

第二十八節　扇通背

由前勢。設敵人又用右手來擊，我急將右手由前往上提起，至右額角旁，隨將手心向外翻，以托敵右手之勁。左手同時提至胸前，用手掌衝開，直勁向敵脇部衝去。沉肩墜肘、坐腕、鬆腰。左腳同時向前踏出，屈膝坐實，腳尖朝前，眼神隨左手前看。右腿隨腰胯伸勁送去，其勁正由背發，兩臂展開，欲扇通其背，則所向無敵矣。（圖31）

圖31　扇通背

【注釋】

按：李雅軒先生在「扇通背」頁上的眉批：「扇通背之為名，毫無講法。」

圖32 撇身捶之一

圖33 撇身捶之二

第二十九節 撇身捶

由前式。設敵人自身後脊背，或脇間用手打來，我即將左足向右偏移轉坐實，右足變虛，腰隨轉向正面，右手同時即握拳，暫於左脇腋間一駐，左手心朝上合護左額角，即時右拳由上圓轉撇①去，交敵之手由右脇側間用沉勁疊②住，同時左手由左側，急向敵人面部擊去，則敵必眼花失措矣。（圖32、圖33）

【注釋】

按：「暫於左脇腋間一駐」句：駐，停留。自上式扇通背，右掌隨右轉身變握拳，劃直圓下落至左肋部即自上而下向對方按打，中

圖34　進步搬攔捶

間一氣呵成並無停留，《太極拳使用法・撇身捶用法圖》中的敘述較為合理：「右手同時由上圓轉向右肋側落下，隨握拳，用腕部外面，手心朝上，將敵右手腕疊住。」此處「一駐」為誤用。

①撇：扔出去。撇身，轉過身去。撇身捶，轉過身去用拳按壓或捶打。此處用「撇」字作技擊手法為誤用。

②疊：疊加，此處引申為「按壓」。

第三十節　進步搬攔捶

用法同上第十六節。（圖34）

圖35　上步攬雀尾

圖36　單　鞭

第三十一節　上步攬雀尾

擴擠按，參閱第三節、第四節及第五節。（圖35）

第三十二節　單　鞭

同上第六節。（圖36）

第三十三節　雲　手①

由前勢。設敵人自前右側用右手擊我胸部或脇部，我即將右手落下，手心向裡，即以我之腕上側，與敵之腕下相接，由左而上，往右旋轉，復翻下向左行，劃一大圓圈，如雲行空綿綿不絕。

左手同隨落下，手心向下，隨往下向上翻出，與右手用意同。身亦隨右手扐轉，眼神亦隨手腕看去，旋轉照應。右足往右側往左移動半步坐實，左足亦即向左踏出一步，成一騎馬式。

此時兩手上下正行至胸臍相對，則右腳又變虛，向左移入半步，則續行為第二式。惟變化虛實交互旋轉時，萬不可露有凹凸斷續之意。

此式之妙用，全在轉腰胯，然後可以牽動敵之根力，應手翻出，學者其細悟之。（圖37）

圖37 雲手

【注釋】

①雲手：《太極拳使用法》中為「抎手」，陳鑫《陳氏太極拳圖說》、牛春明《牛春明太極拳》作「運手」，武式作「紜手」，楊式有稱為「均手」「勻手」或「抎手」。「運」「紜」「勻」「抎」，字義各異，而古今讀音相同，名同字異的原因是口授時所誤，或轉抄時筆誤所致，也不排除各拳派根據自身理解而作出改動。若僅憑式名來求解其動作之意義，確定其動作之規範，則恐怕涉入牽強之謬誤。

按：此式文字中用法為「牽動敵之根力，應手翻出」。《太極拳使用法・對敵圖・雲手用法》為「領進落空」。田兆麟在《合編》中說：「人手襲來，己手掤化，隨手按去。或一手掤化，另一手以掌擊之。」在崔毅士親傳、崔仲三編著的《楊式太極拳體用圖解》（以下簡稱《圖解》）中說：「右臂的逐漸內旋翻轉掌心向外，其勁力為〈掤勁〉。由左腹前到左肩前時，力貫掌指為〈抄裹勁〉。勁力變化過程是掤勁—掤按勁—掤勁—抄裹勁，左右相同。」閱者自能細辨。

圖38　單　鞭

圖39　高探馬

第三十四節　單　鞭

同上第六節。（圖38）

第三十五節　高探馬

由單鞭式。設敵用左手，自我左腕下繞過，往右挑撥，我隨將左手腕略鬆勁，手心朝上，將敵腕疊[1]住，往懷內採回，如上圖。左腳同時提回，腳尖著地，鬆腰含胸，右膝稍屈坐實。同時急將右手由後而上圓轉向前，往敵人面部，用掌探去。眼前看，脊背略聳有探拔前進之意。（圖39）

【注釋】

①疊：重疊、折疊。疑為「抵」或「扣」

之誤。《太極拳使用法・對敵圖》中為：「扣住乙左手腕」。

按：上述此式用法為「（右手）往敵人面部，用掌探去」。探，為「尋求、看望、打聽」之意，不作攻擊解。《太極拳使用法・對敵圖・高探馬用法》為「右掌自外方伸打乙面。」打，才是攻擊。田兆麟在《合編》中說：「右掌撲擊其面部。」一字之差，其意完全不同，閱者自能細辨。

第三十六節　右分腳

由前勢。設敵人用左手，接我探出之右腕，我隨用右手腕，壓住敵之左肘，垂肘沉肩，即將敵左臂向左側擬回。同時左手粘住敵人左腕，手心向下暗施採勁。

左腳同時向前左側邁去半步，坐實，腰向左斜倚，隨將右腳提起，腳尖與腳背，平直向敵人左脅踢去。

同時兩手掌側立，向右左①平肩分開，以稱分腳之勢②。眼亦隨右手看去，含胸拔背，定力自足，則敵勢不能自支矣。（圖40）

圖40　右分腳

圖41　右分腳擺式

右分腳擺式（圖41）

【注釋】

①右左：《正版》勘誤表：「右左」為「左右」之誤。

②以稱分腳之勢：稱，同「秤」，此處為平衡之意。

按：田兆麟在《合編》中認為，無論是蹬腳還是分腳，兩手左右打開之前手須有「假撲其面部」之意，以防對方摟抱踢出之腿。故有「出手在先，出腳在後」之說，此為上虛下實之術。

圖42　左分腳擺式

圖43　左分腳

第三十七節　左分腳

左分腳擺式（圖42）

左分腳（圖43）

與上右式同一用法。惟左右稍自移易便是。

第三十八節　轉身蹬腳

由左分腳式。設敵人自身後用右手打來，我即將身向左正方轉動，含胸拔背、鬆腰，尤須虛靈頂勁。

左腿懸提，隨腰轉時，腳尖垂下。右腳立定時，左腳即向敵腹部用腳跟蹬去，

圖44　轉身蹬腳

圖45　左摟膝

腳指朝上。

兩手隨腰轉動時，由外往內合，隨左腳蹬出時，掌即向左右側立，平肩分開，眼神隨左指尖望去，立定根力，則敵必應腿自仰矣。（圖44）

第三十九節　左摟膝

同上。（如圖45）

圖46　右摟膝

圖47　進步栽捶

第四十節　右摟膝

同上。（如圖46）

第四十一節　進步栽捶

由前式。設敵又用左腿踢來，我即用右手順敵腿勢由左摟去，則敵必往左仆，我即將左足同時向前一步追去，屈膝坐實，右手隨握拳，向敵腰間或腳脛捶去皆可，是為栽捶。其時右腿伸直，腰胯沉下成平曲形式，胸含，眼前看，尤須守我中土為要。（圖47）

【注釋】

按：此式中栽捶的打擊部位為「向敵腰間或腳脛捶去皆可」，腳脛，指小腿。《太極拳使用法・對敵圖・進步栽捶用法》中說的更明確：「往下直打乙踢腿七寸骨。」七寸骨，也稱小腿骨，包括脛骨和腓骨，老百姓俗稱的「迎面骨」或「七寸骨」，是小腿的主要負重骨。脛骨位於小腿內側，向內側和外側突出的部分，稱內側髁和外側髁，兩髁的上面各有一關節面與股骨相接。脛骨體的前緣銳利，直接位於皮下。又沒有肌肉包裹，是典型的「皮包骨」，當受到擊打時，非常容易導致骨折或挫傷。

第四十二節　翻身撇身捶

由前勢。設又有敵人自身後用拳擊來，我即將身由右往後翻轉，左腳坐實。右腿向前提起踏出半步，右拳同時提起，向後正面撇①去。拳背向下沉，或將敵肘疊住，或暗用採勁皆可。左手同時隨右拳向敵面部用掌捌去，以助右拳撇勢，身須隨即進展為得勢也。（圖48、圖49）

圖48　翻身撇身捶一

圖49　翻身撇身捶二

【注釋】

①撇：碰觸、擊打。

第四十三節　進步搬攔捶

同上第十六節。（圖50）

圖50　進步搬攔捶

第四十四節　右蹬腳

由前勢。設敵人用左手將我右臂向左推出，此時將我①右腕順勢由敵人手腕下纏繞，自右往左捌開，兩手分開與腳相稱，腰胯沈下，眼神隨往前看。同時將右腳向正面蹬出，左腳尖同時向左稍轉，坐實，身亦往隨②左轉入正面。（圖51）

圖51　右蹬腳

【注釋】

①將我：為「我將」之誤。

②往隨：為「隨往」之誤。

按：此段敘述順序顛倒，應該是「身」先「往左轉入正面」，「左腳尖同時向左稍轉，坐實」之後，再「將右腳向正面蹬出」。

此式中僅說「將右腳向正面蹬出」，《太極拳使用法・對敵圖・右蹬腳用法》為「飛起右腳直踢乙胸前」。同時有「如蹬人不可用勁」之告誡。

第四十五節　左打虎式

由前式。設敵人由左前方，用左手打來，我將右足落下，與左足並齊，左右手隨向左側轉，左腳往後踏出，屈膝坐實。右足變為虛，略成斜騎馬檔式，面向側正方。兩手同時蕩拳隨落隨往左合，即用右拳將敵左腕扼住，往左側下採，至與心部相對。左拳由左外翻上，轉至左額角旁，手心向外，急向敵人頭部或背部打去。此式以退為進，忽開忽合，意含凶猛，故謂打虎式也。（圖52）

圖52　左打虎式

【注釋】

按：「左腳往後踏出」一動有錯，此式拳照為兩腳平行。田兆麟在《合編》中說：「左足向左側踏出一步」，陳微明在《太極拳術》中說：「左足同時向西（即向左）橫移」，此兩說與楊澄甫拳照相符。董英傑在《太極拳釋義》中說：「左腳向左斜方上步弓腿」則與「往後踏出」正相反。由此可見，鄭曼青「往後踏出」之說為誤記。

第四十六節　右打虎式

由前式。設敵人自後右側，用右手打來，我即將右足提起，向右側邁去，屈膝坐實，略成右胯①馬式。

腰隨之往右側前方扨轉，左腿變虛，兩拳同時隨往右圓轉，成右打虎式。與左同一用法，希參用之。（圖53）

圖53　右打虎式

【注釋】

①胯：《正版》勘誤表：「胯」為「跨」之誤。

按：「將右足提起，向右側邁去」一動有誤，而此式拳照為左腳在前（西北方）、右腳在後（東南方）。此段文字在動作前後順序的敘述上有顛倒。右腳在未轉身之前即「向右側邁去」（正東方），和「腰隨之往右側前方拗轉」後再「向右側邁去」（東南方）之方位就大不同。應該為「腰隨之往右側前方拗轉」後，再「將右足提起，向右側邁去」。如崔仲三的《圖解》中說，「身體繼續向右轉」，「右腿提起向右前（東南方）邁出」，此說與楊澄甫拳照相符。

圖54　回身右蹬腳

第四十七式　回身右蹬腳

與第四十四節同，左右方向稍自移易可也。（圖54）

第四十八節　雙風貫耳

由前勢。設敵人自右側，用雙手打來，我即將左腳尖稍向右移轉立定，右腳同時向右側懸轉，膝上提，腳尖垂下。

身同時隨轉至左正隅角，速將兩手背由上往下，將敵人兩腕往左右分開疊住，隨將兩手握拳由下往上，向敵人雙耳用虎口相對貫去，右腳同時向前落下變實，身亦略有進攻之意方可。（圖55）

圖55　雙風貫耳

【注釋】

按：雙風貫耳，有作「雙峰貫耳」「雙封貫耳」。「雙風」者，喻雙拳速度激如颶風；「雙峰」者，喻雙拳力度如山峰夾擊；「雙封」者，喻雙拳左右封閉圈打，雖音同字異，而其意一致。貫，在動詞狀態時，意為「通」「穿」，本不作技擊字義解。在此通義為「攢」，兩拳鉗狀，以攢擊敵雙耳，所謂形到意到。

第四十九節　左蹬腳

由前式。設有敵人自左側脅部來擊，我急用左手將敵右手臂①粘住，由裡往外捌開。右足在原地向右微有移動，左足同時往前提起，向敵脅腹部蹬去。餘與轉身蹬腳同。（圖56）

圖56　左蹬腳

【注釋】

①臂：《正版》勘誤表：「臂」為「背」之誤。

按：李雅軒先生在「左蹬腳」頁上的眉批：「我學拳時，此處是踢腳，不是蹬腳。」

圖57　轉身蹬腳

第五十節　轉身蹬腳

接前式。如有敵人從背後左側打來，我急將身往右後正面旋轉，左腳同時隨身轉時收回往右懸轉，落下坐實，腳尖向前，此時右腳尖為一身轉動之樞機①。

兩手合收隨身至正面時，急用右手腕，將敵肘腕粘住，自上而下，向左捌出。右腳同時提起，向敵脅腹部蹬去，左右手隨往前後分開。（圖57）

【注釋】

①樞機：比喻事物的關鍵。

圖58　進步搬攔捶

圖59　如封如閉

第五十一節　進步搬攔捶

同上第十六節。（圖58）

第五十二節　如封如①閉

同上第十七節。（圖59）

【注釋】

①如：《正版》勘誤表：「如」為「似」之誤。

圖60　十字手

圖61　抱虎歸山

第五十三節　十字手

同上第十八節。（圖60）

第五十四節　抱虎歸山

同上第十九節。（圖61）

第五十五節　斜單鞭

斜單鞭式，與上單鞭同，惟方向斜向右前正隅二方向之間，故曰斜單鞭。（圖62）

圖62　斜單鞭

第五十六節　野馬分鬃右式

由前式。設敵人自右側用按式按來，我即將身向右轉，左足亦向右移動①，右足腳跟鬆回，腳尖虛點地，隨用右手將敵左右腕黏住，略往左側一鬆，用左手捌其右手腕，同時急上右足，屈膝坐實，左足伸直，隨用右小臂向敵腋下分去，則其根力為我拔起，身即向後傾仰矣。

圖63　野馬分鬃右式

此時左手亦須稍從後分開，用沉勁以稱[2]右手之勢。（圖63）

【注釋】

①移動：內扣。

②稱：疑為「撐」字之誤。稱，音ㄔㄥ，作動詞，其意為支著、支持。

按：此式中「右小臂向敵腋下分去」之句，「分」為「區別、劃分」之意，此處為誤用，應該為「掤」。《太極拳使用法・對敵圖・野馬分鬃用法》為「右手腕抬起掤乙膀根處，往斜上方用勁……向上方掤去」。田兆麟在《合編》中為「向右掤擊之」。

圖64　野馬分鬃左式

圖65　攬雀尾

第五十七節　野馬分鬃左式

用意與右式同。方向稍自改易。（圖64）

第五十八節　攬雀尾

同上。（圖65）

圖66　單　鞭

圖67　玉女穿梭

第五十九節　單鞭

同上。（圖66）

第六十節　玉女穿梭①

由單鞭式。設敵人從後右側用右手自上打下，我即將身隨左腳同向右方翻轉②，右腳隨即提回，落在左腳前，腳尖側向右分開坐實。左手收回，合於右手腕下，隨即護繞右大臂，穿過右肘，即用掤勁，向左前隅角③上翻④去，將敵之手腕掤起。左腳同時前進，屈膝坐實，右腳伸直，右手即變為掌，急從左肘下穿出，衝向敵之胸脅部擊去⑤，未有不跌。

此式左右手相穿，忽隱忽現，捉摸不定，襲乘其虛，故曰玉女穿梭，以喻其勢之巧捷也。（圖67）

【注釋】

①玉女穿梭：此式為左玉女穿梭。

②「我即將」句：句中「身隨左腳……翻轉」無法說通。應該為「我即將左腳隨身同向右方扣轉」。

③左前隅角：設起勢時身體面朝正南方，此式動作定勢方向為西南方。

④翻：掌心翻轉向上。

⑤擊去：此為按勁。

第六十一節　玉女穿梭二①

接前式。如敵人由身後右側用右手劈頭打來，我即將左腳往裡稍轉②，右腳同時向後右側踏出一步，屈膝坐實。身隨向後往右扮轉，左腳變虛，急用右腕由敵右臂外粘住，往上右側掤起，隨將左手向敵右脅按去。餘同上式。（圖68）

圖68　玉女穿梭二

【注釋】

①玉女穿梭二：此式為右玉女穿梭。

②稍轉：扣轉。此式動作定式方向為東南方。

第六十二節　玉女穿梭三①

接前式。如敵從左側用左手擊來，我即將右腳尖稍向右分開②坐實，左腳提向

圖69　玉女穿梭三

圖70　玉女穿梭四

左隅角③踏出坐實，手法與上第一式同。（圖69）

【注釋】

①玉女穿梭三：此式為左玉女穿梭。

②分開：外輾。

③左隅角：此式動作定式方向為東北方。

第六十三節　玉女穿梭四①

此式與上第二式同，惟玉女穿梭之方向②，正式③在四隅角④，萬不可錯誤也。（圖70）

【注釋】

①玉女穿梭四：此式為右玉女穿梭。

圖71　攬雀尾

圖72　單鞭式

②惟玉女穿梭之方向：此式動作定式方向為西北方。

③正式：指玉女穿梭四式的定勢。

④四隅角：四角之謂，如《爾雅·釋宮》所曰：「西南隅謂之奧，西北隅謂之屋漏，東北隅謂之宧，東南隅謂之窔。」

第六十四節　攬雀尾

同上。（圖71）

第六十五節　單鞭式

同上第六節。（圖72）

圖73　雲　手

圖74　單鞭下式

第六十六節　雲手

說明與用法同上。（圖73）

第六十七節　單鞭下勢

單鞭同上。（圖74）

單鞭下勢。（圖75）

由單鞭已出之左手時，如敵人以右手將我左手往外推去，或用力握住，我即將右腿稍向右分開，往後坐下①，左手②同時用圓活勁收回胸前。或敵用左手來擊，我急用左手將敵左腕扼住，往左側下採亦可。右腿與腰胯同時坐下。以牽彼之力。

圖75　單鞭下式

而蓄我之氣。

【注釋】

①坐下：屈膝下蹲。

②左手：左掌。

按：此式有兩處被疏忽未敘：一為屈膝下蹲時，右勾手向右後方伸出，平舉於身體右側。二為左掌掌指朝前，沿左腿內側向前穿出。如以後鄭曼青在《自修新法》中所述：「左手亦隨之插下，緣足尖向前。」

第六十八節　金雞獨立右式

由上式。如敵人往回拽①其力，我即順勢將身向前上攢②起，右腿隨之提起，用足尖向敵腹部踢去。右手隨之前進，屈肘，指尖朝上，以閉敵人之左手。此時左腳變實，穩

立，右手隨進時，或牽制敵人左右手亦可，不必拘執[3]。（圖76）

圖76　金雞獨立右式

【注釋】

①拽：拉、牽引。

②攢：集中、積攢，應為「站」之誤。

③拘執：為拘泥固執的意思。

按：上述用法僅為「右腿隨之提起，用足尖向敵腹部踢去。右手隨之前進……以閉敵人之左手」，未免保守。在《太極拳使用法·對敵圖·單下式金雞獨立用法》中對用法的介紹較為概括：「右膝蓋隨手起時，曲膝直頂乙小腹……起左手，起右手，均可隨人所作，或用腳，或用膝，勿拘。」由此可見，金雞獨立在實戰中，膝是主要攻擊腿法，而非腳尖。

田兆麟在《合編》中則對《太極拳使用法》有更明確的詮釋：一為「右手閉其左手，同時以右膝攻彼小腹部」；二為「以右手背橫擊其頭部……用右膝攻其襠部」；三為「右手假撲其面部……以右膝攻其襠部，彼後化，已用右腳踢之」。

圖77　金雞獨立左式

在《太極拳使用法・對敵圖・單下式金雞獨立用法》之後，有「迎面掌用法」介紹：「第三十二式　迎面掌用法　甲如高探馬式，左手扣乙左手腕，如乙用力上挑，甲隨將前右手回按乙膊，往回領勁，使乙前傾，同時左掌心向前由原處直捌乙面門。」

第六十九節　金雞獨立左式

由右式。設敵人用右拳打來，我右手沉下。速起左手托敵肘，提左腿。與右式同。（圖77）

圖78　倒攆猴

圖79　斜飛勢

第七十節　倒攆猴

同上第二十一、二十二兩節。（圖78）

第七十一節　斜飛勢

用法同上第二十三節。（圖79）

圖80　提　手

圖81　白鶴晾翅

第七十二節　提　手

同上第七節。（圖80）

第七十三節　白鶴晾翅

同上第八節。（圖81）

圖82　摟膝拗步

圖83　海底針

第七十四節　摟膝拗步

同上第九節。（圖82）

第七十五節　海底針

同上第二十七節。（圖83）

圖84　扇通背

第七十六節　扇通背

同上第二十八節。（圖84）

圖85　轉身白蛇吐信之一

第七十七節　轉身白蛇吐信

此式略與撇身捶同。惟第二式變掌用法，惟在手掌加沉勁耳。（圖85、圖86）

圖86　白蛇吐信

圖87　搬攔捶

【注釋】

按：李雅軒先生在「轉身白蛇吐信」頁上的眉批：「前者為撇身捶，今者勢同，所差者拳掌之分，自應名撇身掌，何有白蛇吐信之言哉。況拳勢之命名，非像形則像意，今此式形即不同，意亦不像，如何亦說白蛇吐信哉。」

第七十八節　搬攔捶

同上第三十節。（圖87）

圖88　攬雀尾

圖89　單鞭式

第七十九節　攬雀尾

同上。（圖88）

第八十節　單鞭式

同上。（圖89）

圖90 雲 手

圖91 單 鞭

第八十一節 雲 手

同上。(圖90)

第八十二節 單 鞭

同上。(圖91)

第八十三節　高探馬帶穿掌

同上第三十五節可參閱，惟右手探出後即收回，手心朝下。左手稍提起穿掌向敵喉間衝去，右手仍藏在左肘下，以應變。（圖92）

【注釋】

按：李雅軒先生在「高探馬帶穿掌」頁上的眉批：「此勢為白蛇吐信，形象意思皆相合，今日穿掌何也？」

圖92　高探馬帶穿掌

第八十四節　十字腿

由前式。設敵人用右手牽住我之右手時，我即將右手抽開，至左手腋下，隨將左掌向敵胸部衝去，成十字手形。其時設有敵自身後右邊用右手橫打來，我急將身向右正面扨轉，左臂同時翻上屈回，與右

臂上下相抱時，急將左右手向前後分開攔住敵手，同時急將右腿提起，用腳跟向敵右脅部蹬去，則敵必應腿躍出矣。（圖93）

【注釋】

按：李雅軒先生在「十字腿」頁上的眉批：「此式只是蹬腳的作用，應名轉身蹬腳，其中並無十字形象，不應名十字腿也。」

在楊式太極拳傳統套路中，「十字腿」該勢包括兩種練法。其一為「十字單擺蓮」，有稱為「單擺蓮」或「轉身單擺蓮」的，即右腿就勢向前掃踢時，左掌向前迎拍右腳面。其二為「十字腿」，即此式「說明」所敘，右腿向前蹬出，如同「轉身右蹬腳」之式。

圖93　十字腿

在楊健侯所傳「中架」套路中，此式練法為「單擺蓮」。在楊澄甫所傳「大架」套路中，原先練法為「十字腿」，後改為「單擺蓮」，在崔仲三編著《楊式太極拳體用圖解》中，記有崔毅士關於這一改動：「楊（澄甫）老師提到拳術套路中蹬腳的動作比較多，只有一個雙擺蓮動作，顯得有些單調，變動一下，使得套路中前有單擺蓮，後有雙擺蓮，不僅前後動作有相互呼應之意，而且也豐富了腿法的變化。」不過，在楊澄甫的弟子，如牛春明、董英傑、陳微明、李雅軒、楊振鐸、曾昭然等人的拳著中，此式均練「十字腿」。

自幼在楊家習拳的田兆麟在《合編》中說：「（單擺蓮）斯種練法雖含有襯腿極佳用法，但無腰腿功夫者不易練習，故今人都改為上式（十字腿）。」

顧留馨著《太極拳術》中亦記：「十字腿這個拳勢，原來的練法是單擺蓮腿，現在名稱未改，仍是〈十字腿〉，但練法改為右蹬腳的動作。這是當年楊澄甫老師南下到上海授拳，為了〈十字腿〉練法對年老體弱者不能適應，就修訂為右蹬腳的動作。」

由此可見，在傳統套路中，「單擺蓮」和「十字腿」兩種練法雖難易各異，應時應地應人而變動，但技擊含義略同，因此，在套路習練中不作定規。

第八十五節　進步指襠捶

接前式。如敵人往回撤手時，我即將右足落下，同時左足前進，屈膝坐實。在此時設敵人再用右足自下踢來，我急用左手，將敵右足往左膝外摟開，左手①隨即握拳向敵襠部指②去，身微向前俯。（圖94）

圖94　進步指襠捶

【注釋】

①左手：「左手」為「右手」之誤。

②指：指向、指著，不作攻擊手法。指襠捶的技擊用法為「捶」擊對方襠部，而非「指」向對方襠部。在《太極拳使用法・對敵圖・進步指襠捶用法》中，擊打對方部位為「丹田氣海處」。田兆麟在《合編》中直言「惟擊人襠部」。

圖95　上步攬雀尾

圖96　單　鞭

第八十六節　上步攬雀尾

同上。（圖95）

第八十七節　單鞭

同上第六十七節。（圖96）

單鞭下勢同上。（圖97）

圖97　單　鞭

第八十八節　上步七星

由前式。設敵人用右手自上劈下，我即將身向左前進，兩手變拳，同時集合交叉，作七字形①。手心朝外掤住，向敵胸部用拳直擊亦可。（圖98）

圖98　上步七星

【注釋】

①七字形：「字」，疑為「星」之誤。形，意指在定式時，頭、肩、肘、手、胯、膝、腳七個出擊點的分佈位置猶如北斗七星，而得其名，也有稱作「七星勢」或「七星捶」的。

第八十九節　退步跨虎

由前式。設敵人用雙手按來，我即將兩腕粘在敵之兩腕裡，左手往左側下方捌開，右手往右側上方黏起，兩手心隨向外翻[①]，右腳隨往後退一步，落下坐實，腰隨往下沉勁。左足隨之提起，腳尖點地，遂成跨虎形，使敵全身之力皆落空。

此時則敵雖猛如虎，略一轉動，便受我制矣。（圖99）

【注釋】

①兩手心隨向外翻：在《太極拳使用法・對敵圖・退步跨虎用法》中注明「此

為開勁跨虎」。

第九十節　轉身擺蓮

由前勢。設又有敵人，自我身後用右手打來，前後應敵於萬急時，我即將右腳就原地，向右後方懸起左腳隨身旋轉。

同時以兩手及左腿用旋風勢，以手腳向敵上下部刮去。

復轉至原位時，緊將敵右肘腕粘住，隨繞敵之腕裡，往左用攦帶捌抽回，急用右腳背向敵胸脅部，用橫勁踢去。腳過似疾風擺蕩蓮葉。

所謂柔腰百折在[1]無骨，撤[2]去滿身

圖99　退步跨虎

圖100　轉身擺蓮

都是手。此功之奧妙，非淺學者所可領略也。（圖100）

【注釋】

①在：《正版》勘誤表：「在」為「若」之誤。

②撤：《正版》勘誤表：「撤」為「輒」之誤。輒，總是，如《史記・項羽本紀》：「楚挑戰三合，樓煩輒射殺之。」

第九十一節　彎弓射虎

由前式。設敵人往回撤身時，我即將左右手隨敵之手粘去。

圖101　彎弓射虎

復繞過敵之手腕間，向右側旋轉，握拳從左隅角擊去，左手同時沉在敵右肘部擊去，右腿隨往右落下坐實，右手輒向敵胸部擊去。

皆要蓄其勢，腰下沉勁，略如騎馬襠式，左腳變虛，如成射虎彎弓之勢也。（圖101）

【注釋】

按：此式的實戰用法為：當對方的右掌用勁打來時，我用右手接住其右掌，同時用左掌貼扶其右肘部位，「用提勁往右高處粘提，將乙足根領活，然後用按勁向斜下打去」。

圖102　進步搬攔捶

圖103　如封似閉

第九十二節　進步搬攔捶

同上第十六節。（圖102）

第九十三節　如封似閉

同上第十七節。（圖103）

圖104　合太極式

第九十四節　合太極①式

由如封似閉，變十字手，兩手分左右下垂，手心向下與起勢式同，是名合太極。此為一套拳終了之時，學者尤不可忽略。

合太極者，合兩儀、四象、八卦、六十四卦，而仍歸於太極。即收其心意氣息，復全歸於丹田，凝神靜慮，知止有定，不可散失，以免貽笑於大方也。（圖104）

【注釋】

①合太極：返回「無極式」，為整個套路結束的動作姿勢。

推手

一、掤式

太極拳以練習推手為致用，學推手則即是學覺勁，有覺勁則懂勁便不難矣。故總論所謂「由懂勁而皆及神明」，此言即根於推手無疑矣。

下圖掤、攌、擠、按四式，即黏、連、貼、隨，捨己從人之定步推手。此圖即兆清與大兒振銘合攝。

掤法向外，駕馭敵人之按手，使不得按至胸腹貼近，故曰掤。此掤字取意，與說文釋義稍異。掤之方式，如圖。左右同其用法，最忌板滯①，又忌遲重。板者，不知自己之運動。滯者，不知敵人之取捨。既不知己，又不知彼，則不成其為推手矣。遲重者，必以力禦人，便成死手，非太極家之所取

一　掤式

也。必曰掤者，黏也，非抗也。手向外掤，意欲黏回，又不使己之掤手與胸部貼近。得化勁全賴轉腰。一轉腰，則我之掤勢已成矣。

【注釋】

按：「有覺勁則懂勁便不難矣。」鄭曼青先生在《十三篇・散手》中說：太極拳散手「只有一勁。曰接勁。能接勁。便是懂勁之極致」。

①板滯：板，遲滯，即所謂「不知自己之運動」。滯，凝積，不流通，即所謂「不知敵人之取捨」。

二　擺式

二、擺　式

擺者，連著彼之肘與腕，不抗不採，因彼伸臂襲我，我順其勢而取之，是收回意[1]謂之擺。

此字義又與說文不同，乃拳術家之專用名詞也。其方式，即擺法轉腰，加上一手連著彼之肘節間，如上圖。被擺者須本捨己從人，亦須知有捨人從己之處。被擺覺其手加重，便可乘之以靠。或覺其擺勁，忽有斷續，則急捨其一邊，而襲以擠可也。

【注釋】

①此處遺漏句讀，應為逗號。

三、擠 式

擠者，正與攦式相反，攦則誘彼敵之按勁，使其進而入我陷阱而取之，必勝矣。設我之動力，先為彼所覺，則彼進勁必中斷，而變為他式，則我之攦勢失效，則不可不反退為進。用前手側採其肘，提起後手，加在前手小臂內便乘勢擠出，則彼於倉卒①變化之中，未有不失其機勢，而被我擠出矣。被擠者須於變化中能鎮定，有先覺，急空其擠勁，則便②成其按勢矣。

三　擠式

【注釋】

①卒：為「促」之誤。

②便：順便。

四、按式

按者，因擠式不得其機勢，便將右手，緣彼敵之左肘外廉①轉，上②仍成握式握回。如握又不得勢，則翻右手，以手心按彼左肘節上抽出。左手又以手心按彼左腕上，是謂之按。按之轉復為掤，掤握擠按，終而復始，輪轉不息，此謂練習黏連貼隨之意也。

以上四式，變化無窮，筆難縷述③，望學者幸細心運會，於單人功架上之說明，詳為參悟便易入門也。

四　按式

【注釋】

①廉：邊，如《九章算術》：「邊謂之廉，角謂之隅。」

②上：應屬上句，為「轉上」。

③縷述：縷，列舉。逐條詳細敘述。

大攦式圖解

第一節 掤式

甲為掤。乙為按。（圖1）

第二節 攦式

甲左手為採，右為截，合其式為挒。乙為靠。（圖2）

圖1　掤式

圖2　攦式

圖3　採式

第三節　採　式

甲左採而變為閃，右①仍為切截。

乙以左肘摺②住。（圖3）

【注釋】

①右：指右手。

②摺：折疊。

按：李雅軒先生在「採式」頁上的眉批：「閃字不對，應改為扇字，蓋此勢老師曾說過名扇面掌也。扇閃同音，定是曼青弄錯也。」扇：撲打，如《武王伐紂平話》中所用：「忽有皂雕，飛起直來臺上扇妲己。」。金仁霖老師認為：「……可以確定，『閃掌』就是『撲面掌』，或稱『閃面掌』。」

圖4　擠式

第四節　擠　式

甲擠而為靠。乙復變為採挒也。與第二節，姿勢同。（圖4）

右四式[①]互相推轉，周而復始。其切要處，正在換步之靈妙耳。其神化，卻非筆墨所能縷述，須口授指點，方能盡其變。茲按圖解釋，其步法手法如下。

【注釋】

①右四式：指「大攌式圖解」。

大攦四隅推手解

四隅推手者，即大攦之方位，向四隅角轉換，與合步推手之四正方向不同，合步推手與大攦一併謂之四正四隅，此即八卦之方位，所謂乾巽坎離，震兌艮坤，在推手中，即所謂攦挒[1]擠按，採挒肘靠。

大攦起式，兩人向南北或東西對立，作雙搭手式。甲照第一節圖式，是以掤勁化乙之按勁，走左肘，翻左腕，握乙之右[2]腕是為採，右手不動即為切截，一變便為挒。挒者即撇開乙之左肘，向乙領際以掌斜擊去。其步法即以第一圖。

前腳實而變虛，稍向前移進，後腳變實，前腳虛，如第二圖，即攦式之變用，甲為採，乙為靠，即如第二節。

至第三圖，為採閃式，甲放棄左手採勁，而變為閃，閃者以掌向乙面部作伺擊[3]狀，步法皆未動，即如第三節。

待乙起左手，退左腳與右腳一併，急復將左腳又向左隅角後退卻一步，翻身後腳坐實，復以右手擺甲左手。以左手採甲右手時，甲即隨乙之第一步退卻時，甲[4]即追上一步，將左後後[5]腳提與前腳暫並。

即乙復進第二步時，甲急移右腳向右前隅角進一步，即急將左腳插進乙之襠中，即加以右[6]肩貼近乙之左[7]臂靠去，是為進者三步，退者二步，中間有一步須兩腳並齊之後，換步上去而成。

第四節，即如第四圖，第四圖與第二圖姿勢同，甲乙攻守勢一更易也，一再輪轉，繼續推下，與第三圖換步同，故不再贅。

四隅即依次轉去便是，此為大擺之採挒肘靠，四手已具矣。惟此四手無一手非用法，手手皆可發勁，希學者幸細心按圖揣摩，自有會心之處也。

【注釋】

①攦挒：《正版》勘誤表：「攦挒」為「掤攦」之誤。

②右：《正版》勘誤表：「右」為「左」之誤。

③伺擊：伺，窺測。找可乘之機進行反擊。

④甲：此字衍。

⑤後：《正版》勘誤表：「後」字衍。

⑥右：《正版》勘誤表：「右」為「左」之誤。

⑦左：《正版》勘誤表：「左」為「右」之誤。

太極拳論①

一舉動②，周身俱要輕靈，尤須貫串。氣宜鼓蕩，神宜內斂③。無④使有缺陷處，無使有凸凹處，無使有斷續⑤處。其根在腳，發於腿，主宰於腰，形於手指。由腳而腿而腰，總須完整一氣。向前退後，乃能得機得勢。有不得機得勢處，身便散亂，其病必於腰腿求⑥之，上下前後左右皆然。凡此皆是意，不在外面⑦。

有上即有下，有前則有後，有左則有右。如意要向上，即寓下意。若將物掀起而加以挫之之力，斯其根自斷，乃壞之速而無疑。虛實宜分清楚，一處有一處虛實，處處總此一虛實。周身節節貫串，無令絲毫間斷耳。

【注釋】

①該文在《太極拳使用法》中題為「祿禪師原文」。首見於經楊澄甫審定並

首肯的陳微明學拳筆記《太極拳術》（中華書局一九二五年版）。書中插圖為楊澄甫的早期拳照，以陳微明拳照補齊不足處。推手及大擴的插圖為楊澄甫、陳微明、許禹生和陳志進。由於該書是首次公開楊澄甫拳術套路，又有楊澄甫拳照和楊氏家傳拳譜，故影響甚廣。此拳譜原無標題，陳微明命名為《太極拳論》，列為拳譜篇之首。一九二九年出版吳圖南的《國術太極拳》中，以《太極拳用功秘訣》為題。後人鑒於王宗岳已有《太極拳論》存世，為避重複，按拳譜之末有「此係武當山張三峰祖師遺論」之語，亦稱《張三豐太極拳論》。

②舉動：行動。

③神宜內斂：「神」，上文是指精神活動，即「心」的活動，相當於一般所謂的「意」。「斂」有收藏、約束等義，古人將思想活動稱為「神外遊」。「神內斂」是指將思維活動即「意」約束收藏起來，也就是「摒思息慮」，現代醫學稱為「大腦入靜」。

④無：《太極拳使用法》中作「毋」（ㄨˊ），字義相同。

⑤斷續：時而中斷，時而接續。

⑥求：求知。求索。求證，此處為「尋找原因」之意。

⑦不在外面：有抄譜在此句後有「而在內也」之續句。

長拳者，如長江大海，滔滔不絕也①。掤擺擠按採挒肘靠，此八卦也。進步、退步、左顧、右盼、中定，此五行也。掤擺擠按，即乾坤坎離，四正方也。採挒肘靠，即巽震兌艮，四斜角也。進退顧盼定，即金木水火土也。合之則為十三勢也②。

原注云：此係武當山張三峰祖師遺論，欲天下豪傑延年益壽，不徒作技藝之末也。

【注釋】

①長拳者……滔滔不絕也：此句前在陳微明《太極拳術》和《太極拳使用法》中，有「十三勢者」四字，此處疑漏。

②合之則為十三勢也：在陳微明《太極拳術》和《太極拳使用法》中均無此句。

明王宗岳太極拳論

太極者，無極而生①，陰陽之母也。動之則分，靜之則合。無過不及，隨曲就伸。人剛我柔謂之走，我順人背謂之黏②。動急則急應，動緩則緩隨。雖變化萬端，而理為一貫③。由著熟而漸悟懂勁，由懂勁而階及神明，然非功力之久，不與豁然貫通焉。

虛靈頂勁④，氣沈丹田；不偏不倚，勿隱勿現。左重則左虛，右重則右杳。仰之則彌高，俯之則彌深，進之則愈長，退之則愈促。一羽不能加，蠅蟲不能落。人不知我，我獨知人。英雄所向無敵，蓋皆由此而及也。

斯技旁門甚多，雖勢有區別，概不外乎⑤壯欺弱，慢讓快耳。有力打無力，手慢讓手快，是⑥皆先天自然之能，非關學力而有為也。察四兩撥千斤之句，顯非力勝；觀耄耋⑦能禦眾之形，快何能為。

立如平準[8]，活似車輪。偏沉則隨，雙重則滯。每見數年純功，不能運化者，率自為人制，雙重之病未悟耳。欲避此病，須知陰陽相濟，方為懂勁。懂勁後，愈練愈精，默識揣摩，漸至從心所欲。本是捨己從人，多悟捨近求遠。所謂差之毫釐，謬以千里[9]，學者不可不詳辨焉。是為論[10]。

【注釋】

①無極而生：有抄本在此句後有「動靜之機」四字。沈壽《太極拳譜》說：「因較早見於許本（許禹生《太極拳勢圖解》），故有人疑為許禹生所增。」

②黏：在太極拳使用中，「沾」為「貼住」之意，「黏」為「纏鎖、控制」之意。

③理為一貫：有抄本作「理唯一貫」或「惟性一貫」的。

④虛靈頂勁：《太極拳使用法》中為「虛領頂勁」。

⑤概不外乎：乎，文言介詞。有抄本無「乎」字，其意不變。

⑥是：有作「此」的，其意同。

⑦耄耋：古指七十歲以上的老人，語出曹操《對酒歌》：「人耄耋，皆得以壽終。恩澤廣及草木昆蟲。」

⑧平準：平，平舒、不傾斜、無凹凸。平準是古代社會運用貴時拋售、賤時收買的方式，來求得穩定市場價格的一種經濟措施。此處僅為「平舒準確」之意。

⑨差之毫釐，謬以千里：語出《漢書‧司馬遷傳》：「差以毫釐，謬以千里。」

⑩是為論：原抄本（萬本）和陳本在篇末有注：「此論句句切實，並無一字敷衍陪襯，非有夙慧，不能誤也。先師不肯妄傳，非獨擇人，亦恐妄費功夫耳。」

十三勢行功心解

以心行氣，務令沉著，乃能收斂①入骨。以氣運身，務令順遂②，乃能便利從心。

精神能提得起，則無遲重之虞③，所謂頂頭懸也。

意氣④須換得靈，乃有圓活之趣⑤，所謂變轉虛實也。

發勁須沉著鬆淨，專主一方。立身須中正安舒，支撐八面。

行氣如九曲珠⑥，無往不利⑦（氣遍身軀之謂）。運勁如百煉鋼，無堅不摧⑧。形如搏兔之鵠⑨，神如捕鼠之貓。靜如山岳，動如江河。蓄勁如開弓，發勁如放箭⑩。曲中求直，蓄而後發。力由脊發，步隨身換。收即是放⑪，斷而復連。

往復須有折疊，進退須有轉換。極柔軟，然後極堅剛。能呼吸，然後能靈活。氣以直養而無害，勁以曲蓄而有餘。

心為令，氣為旗，腰為纛[12]。先求開展，後求緊湊，乃可臻於縝密[13]矣。

又曰：彼不動，己不動，彼微動，己先動。勁似鬆非鬆，將展未展，勁斷意不斷。

又曰：先在心，後在身，腹鬆氣沈入骨。神舒體靜，刻刻在心。切記：一動無有不動，一靜無有不靜。牽動往來氣貼背，而斂入脊骨。內固精神，外示安逸。邁步如貓行，運勁如抽絲。全身意在精神，不在氣，在氣則滯，有氣者無力，無氣者純剛。氣若車輪，腰如車軸。

【注釋】

按：《十三勢行功心解》首見於陳微明著《太極拳術》（中華書局一九二五年版）。有稱《王宗岳先生行功論》或稱《打手要言》的。出於乾隆抄本《太極拳經》，相傳為王宗岳所著，大多亦列入武禹襄名下，至今尚有爭議。乾隆抄本《太極拳經》首見於姚馥春、姜容樵著《太極拳講義》（一九三〇年由南京、上海兩地同時出版。南京版插圖為手繪，上海版插圖為姚馥春、姜容樵拳照。山西科技出版社影印再版為南京版，臺北逸文武術文化有限公司影印再版為上海版）的第十章「太極拳譜釋義」，內容依次為「歌訣一」「歌訣二」「歌訣三」「歌訣四」「歌訣五」「十三勢」「十三勢歌訣六」「二十字訣」「十三勢行功心解」「歌訣七」。其中，「十三勢歌訣六」即「十三勢歌」，它和「十三勢行功心解」「二十字訣」，都在楊家有傳。

①收斂：歸總、會聚。宋・周密《齊東野語・道學》：「朱公尤淵洽精詣，蓋其以至高之才，至博之學，而一切收斂，歸諸義理。」

②順遂：順，適合、不彆扭；遂，順、如意。如宋・曾鞏《禮部尚書制》：「威儀度數之詳，聲音律呂之別，莫不屬焉。精微之至，所以統和天人，順遂萬物，其體可謂大矣。」

③則無遲重之虞：則，就。韓愈《師說》：「位卑則足羞，官盛則近諛。」遲重，遲鈍，不敏捷，如《隋書・地理志中》：「人性多敦厚，務在農桑，好尚儒學而傷於遲重。」虞，憂慮、憂患。唐・韓愈《與鳳翔邢尚書書》：「戎狄棄甲而遠遁，

朝廷高枕而無虞。」此句意為就不會有遲鈍而不敏捷的憂慮。

④意氣：意，意識，是在人的頭腦中發生的精神思維活動。氣，是一種合理的勁，人體動作是由傳遞性力量的「氣」作用的結果。

按：李雅軒先生在《隨筆之一》（《李雅軒楊氏太極拳法精解》第4頁）中說道：「在練時，穩靜安舒，心態泰然，反聽觀內以審身心之合」，這就是「意」的表現。他繼而指出，「氣」是腰主宰的起於腳的「氣」，實質上是人體傳遞性的力量，也就是「勁」，不是氣功之「氣」。

陳鑫先生在《陳氏太極拳圖說》中將「氣」直接說成是「勁」。太極拳經典拳譜所說的「以心行氣，以氣運身」說的也是人體動作是由實質為傳遞性力量的「氣」作用的結果，這種「行氣」與動作是一體的，而不是由注意或思索得到的，不然必然如上譜所說「全身意在精神，不在氣，在氣則滯」。在講究「內三合」的拳術中所說到的「氣」，都與力量有著密切的關聯。

⑤趣：興味、興趣。如晉·陶淵明《歸去來兮辭》：「園日涉以成趣。」

⑥九曲珠：《太極拳使用法》中解曰：「九曲珠者，即一個珠內有九曲灣也。人身譬如珠，四體百骸無不灣也，能行氣四肢無有一處不到，行氣九曲珠功成矣。」

按：在《楊式太極拳述真》（人民體育出版社一九九〇年版）第一九七頁中，將「九曲珠」理解為是「九顆珠子」，由此創造出了「九曲珠」的功夫：「想像周身的動作好象是由一條線串起來的九個珠子的運動。」「第一顆在踝、第二顆在膝、第三顆在胯、第四顆在腰、第五顆在中心、第六顆在勁源、第七顆在肩、第八顆在肘、第九顆在腕」，「中線一緊，這九顆珠子就會擠到一起成為整體；中線一鬆，這九顆珠子又會鬆散開來。用珠子的一鬆一緊來表示肢體的一張一弛。」「利用這九顆珠子的一張一弛來發放對方。」「九顆珠子當中的一顆非常重要，它一方面要給前四顆珠子（即上半身）作後援；另一方面又要保持後四顆珠子（即下半身）的鬆軟圓活，它最重要的作用還是作為全身動力的中心和發勁之源。」等。

《太極拳使用法》明確認為「九曲珠」僅僅是一顆內有九曲灣的珠子：「一個珠內有九曲灣」，並非是九顆珠子，人的身體就像這顆珠子，四體百駭就像珠子中的四通八達的「灣」。習練太極拳的一個重大追求，就是使由腳而起的傳遞力量能夠順暢地通過所有的「灣」，到達全身肢體任何一個部位的功夫，這是符合古拳譜原意並言簡意賅的解釋。說成是「九顆珠子」等，這是誤讀古拳譜中的經典名言，不僅不知其意，並且還牽強附會地進行解釋，這種篡改與太極拳的一些重大法則是相悖的。

⑦無往不利：所到之處，沒有不順利的，指處處行得通，辦得好，如清・李汝珍《鏡花緣》第九十回：「貧道今日幸把些塵垢全都拭淨，此後是皓月當空，一無渣滓，諸位才女定是無往不利。」

《太極拳使用法》作「無微不到」即「無微不至」之意：無論如何細微，都能周全照應；極言細微之至，謂沒有一個細小的地方不考慮周到。如清・宣鼎《夜雨秋燈錄三集・補騙子》：「（倪某）住旅寓有時矣，迫切鑽營，無微不至。」「無往不利」與「無微不到」兩詞其義相通。

⑧無堅不摧：形容力量非常強大，沒有什麼堅固的東西不能摧毀，如《舊唐書・孔巢文傳》：「（田）悅酒酣，自其騎之藝，拳勇之略，因曰：〈若蒙見用，無堅不摧。〉」《太極拳使用法》中有作「何堅不摧」的。何，什麼，疑問代詞。意為有什麼堅固的東西不能摧毀。其義相通。

⑨鵠：音ㄏㄨˊ，天鵝。此字疑作「鶻」，音ㄏㄨˊ，隼也，屬鷹科，為大型猛禽。故以鶻為是。「鵠」「鶻」同音，疑為筆誤。

⑩蓄勁如開弓，發勁如放箭：武禹襄傳人李亦畬依據這一論述，發展為「五

弓合一」之說，著有《身備五弓解》。楊澄甫注：「蓄者，藏也，太極勁不在外，藏於內，與敵對手時，內勁如開弓，不射之圓滿，猶皮球有氣充之……我如弓，敵如箭，出勁之速，敵如箭出矣。」眾多拳家的詮釋均為「發勁迅猛如箭」。

按：太極拳並不僅僅是「沾黏連隨」的功夫，如楊氏老譜《三十二目》所說「內要含蓄堅剛而不施，外終柔軟而迎敵」，迎敵就必需具備「發勁如放箭」的攻擊能力，否則《王宗岳太極拳論》中所說的「英雄所向無敵」和「無堅不摧」是根本不可能實現的。

對於老拳譜中的一些文獻，有不少拳家是從推手這個角度來理解並解釋的。其實，推手只是習練拳架和散手搏擊之間一種作為過渡的訓練項目，主要是在掤擴擠按採挒肘靠中，實現沾黏連隨與發勁的習練，但並不等於是實戰習練。太極拳為武術，武術是上為戰鬥（戈），下為停止（止）的格鬥技術，也就是使用打鬥、搏擊等手法，來達到征服對手，而起到停止戰鬥的目的的技術。前人習武，並非僅為「和平共處」如膠如漆、百般糾纏的推手而已。因此，對於早期的拳譜和武學著述僅理解為推手技術，不免偏廢。

太極拳的實戰還必須掌握蹬、踢、打、摔、撲、膝、點、拿、接等高難度的武術技擊手段。如果沒有經過太極散手習練，那就可以說是根本沒有實戰能力，也就是說在太極拳方面的造詣只是走在半途而已。言曰：「武術，上武得道平天下，中武入喆安身心，下武精技防侵害。」說的就是習練武術的道理。

⑪收即是放：句後漏「放即是收」。

⑫纛：音ㄉㄠˋ，古代軍隊裡的大旗。許渾《中秋夕寄大樑劉尚書》：「柳營出號風生纛。」

⑬臻於縝密：臻，達到完備美好。縝密，細緻、謹慎周密。

按：「有氣者無力，無氣者純剛。」是對句互文，也稱為互備、互辭，是古詩文中常採用的一種修辭方法。古漢語中對互文的解釋是：「參互成文，含而見文。」具體地說，這是一種互辭形式：上下兩句或一句話中的兩個部分，看似各說兩件事，實則上是在互相呼應、互相闡發、互相補充中說的是同一件事。由上下文義互相交錯、互相滲透、互相補充來表達一個完整句子意思的修辭方法，這種修辭和閱讀方法叫「互文見義」。

「有氣者無力，無氣者純剛。」應該理解為「有氣者無（純剛之）力，無氣者（為）純剛（之力）」。亦即上句省略了「純剛」，下句省略了「力」，「力」和

「純剛」是對句互文。意思是能夠行氣者，就能掌握「勁」的運用，因此不含僵拙的「純剛」之力，如果不能夠行氣，也就沒有掌握「勁」的運用，身上所出現的力量必定是僵拙的「純剛之力」。

在太極拳老拳譜中運用互文的例子比較多見，如為單句互文的有「提頂吊襠」「神舒體靜」「緩應急隨」「隨屈就伸」等；對句互文的有「氣以直養而無害，勁以曲蓄而有餘」「變轉虛實須留意，氣遍身軀不少滯」「察四兩撥千斤之句，顯非力勝；觀耄耋能禦眾之形，快何能為」「人剛我柔謂之走，人背我順謂之黏」等。

只有對互文修辭有所瞭解，在翻閱太極拳經典老拳譜時才能相應瞭解其中含義，明白句中所要傳達的準確意思。否則非但不能理解，反而會因牽強附會而把意思搞反。

十三勢歌

十三勢來莫輕視，命意源頭在要際。①

【注釋】

按：「十三勢歌」為十三勢長拳（太極拳前稱）的古歌訣，在《乾隆抄本》中為《十三勢歌訣》，楊氏、武氏、李氏拳譜中都有收錄，武氏、李氏《廉讓堂太極拳譜》中為《十三勢行功（工）歌》，陳微明《太極拳術》中為《十三勢歌》。《乾隆抄本》中此歌訣被列為第六首，對照字數、措詞風格和古代語法修辭來看，與其他古歌訣尚無協調之處，疑為後人在流傳轉抄時將其與其他古歌訣混雜集冊。由於歌訣蘊含的拳術思想與王宗岳拳譜一致，故普遍認為此歌訣與《太極拳論》《太極拳釋名》《打手歌》四篇均出於清代山西王宗岳之筆，此說頗為牽強：其一，此歌訣在措辭風格和行文習慣上與《太極拳論》等篇大相徑庭；其二，王宗岳《太極拳論》是「太極拳」名最早出現的首篇，既然如此，該歌訣名理應對應其他兩篇，稱《太極拳歌》才合理。

張士一（一八八六～一九六九年，江蘇吳江人。一九○一年入上海南洋公學，後入美國哥倫比亞大學師範學院深造，獲碩士學位。回國後，在南京高等師範學校即現南京大學等單位歷任副教授、教授等職。太極拳師從郝月如）認為，此歌訣出於王宗岳《太極拳論》之前也是有其道理的。唐豪在《廉讓堂本「太極拳譜」》中考釋說：「王宗岳足跡不出黃河之南，可證長拳十三勢在乾隆時代已由溫縣陳溝外傳。」其中「由溫縣陳溝外傳」之說，也只是論據不足的探討而已。

①十三勢來莫輕視，命意源頭在要際：十三勢來，有譜作「十三總勢」，古太極拳有多種習練形式，據楊家所傳，按開展與緊湊可分為大、中、小架，按姿勢的高低可分為低、中、高架等，總的來說，各種拳式的拳理和招式運用基本相同。輕視，不重視，如《管子・乘馬數》：「彼物輕則見泄。」有譜作「輕識」；要，為「腰」之誤；際，《太極拳使用法》作「隙」。命意，寓意，為文與作畫時的構思，古文化中謂之「心」，如《黃帝內經・靈樞・本神》：「可以任物謂之心，心有所憶謂之意。」「以心行氣」，「以氣運身」而「主宰於腰」，本句意為「用作為最高主宰的『心』來支配全身，發動源頭在腰隙」。

變轉虛實須留意，氣遍身軀不少滯。①
靜中觸動動猶靜，因敵變化示神奇。②
勢勢存心揆用意，得來不覺費功夫。③

【注釋】

①變轉虛實須留意，氣遍身軀不少滯：變轉，有譜作「變換」。留意，關心，有譜作「留神」。少，此處為「稍」之誤。滯，凝積，不流通。

②靜中觸動動猶靜，因敵變化示神奇：觸，知覺、感觸，「因敵變化」而產生「靜中觸動」，繼而「雖動又靜」。示，有譜作「是」。

③勢勢存心揆用意，得來不覺費功夫：揆，揣測，有譜作「須」。存心揆用意，有譜作「揆心須用意」。意，指精神功能。功夫，武術技能，疑為「工夫」之誤。費工夫，耗費的時間和精力，如《抱朴子・遐覽》：「藝文不貴，徒消工夫。」兩句意為在心裡用意念揣測，來支配每一式動作，能收穫本事，想不到是需要耗費很多時間和精力的。

刻刻留心在腰間，腹內鬆淨氣騰然。①
尾閭中正神貫頂，滿身輕利頂頭懸。②
仔細留心向推求，屈伸開合聽自由。③

【注釋】

①刻刻留心在腰間，腹內鬆淨氣騰然：刻刻，每時每刻，如《醒世恒言・卷十九》：「大恩未報，刻刻於懷。」留心，關注。鬆淨，有譜作「鬆靜」。騰，上升，如《禮記・月令》：「孟春之月……地氣上騰。」然，副詞，在句尾表示肯定的語氣，同「焉」。

②尾閭中正神貫頂，滿身輕利頂頭懸：中正，有譜作「正中」，同義。頂，頭頂。神貫頂，形容精神提起，與「神內斂」和「虛靈」同義。輕利，不費力、靈巧，是對「變轉虛實須留意，氣遍身軀不少滯」的概括。頂頭懸，頭頂如被懸提，是對古歌訣中的「順項貫頂」、王宗岳注文中的「項勁」「提頂」的另一種稱謂。

③仔細留心向推求，屈伸開合聽自由：向，介詞，同現代漢語「對」。推求，推敲、尋求、體悟，如《後漢書・王烈傳》：「烈使推求。」屈伸，即「隨屈就伸」

「沾黏連隨」。開合，展放和收縮，太極拳的「開合」主要是指「內開外合」，發勁也是「屈伸開合」的反映，亦指太極拳的所有活動過程。聽，任憑，如《莊子・徐無鬼》：「匠石運斤成風，聽而斫之，盡堊而鼻不傷。」自由，由己作主，如南北朝《孔雀東南飛》：「吾意久懷忿，汝豈得自由。」「聽自由」亦為王宗岳所說的「從心所欲」，是指太極拳達到「懂勁」的境界。

入門引路須口授，功夫無息法自修。①
若言體用何為準，意氣君來骨肉臣。②

【注釋】

①入門引路須口授，功夫無息法自修：引路，領路，如唐・劉禹錫《答張侍禦賈喜再登科後，自洛赴上都贈別》：「春風引路入京城。」有譜作「道路」。口授，口頭傳授，如《漢書・藝文志》：「仲尼思存前聖之業……有所褒諱貶損，不可書見，口授弟子。」息，停止。法，方法。修，鑽研、學習。自修，自我鑽研，有譜作「自休」為誤。功夫無息法自修，意為功夫的習練是無止盡的，在方法上靠的是自我不斷學習和鑽研。

②若言體用何為準，意氣君來骨肉臣：體，指內容，如《左傳・閔西元年》：「六體不易，合而能固。」用，指施行、行動、行事。體用，指本體和作用，如《參同契・卷下》：「春夏據內體……秋冬當外用。」準，標準、準則，指學練十三勢長拳必須遵循的綱要性的標準和法則，如《周禮・考工記・輈人》：「輈注則利準，利準則久。」意氣君，「意氣」之「氣」是指精神，與「氣遍身軀」之「氣」是兩個概念。這兩句意為至於十三勢長拳的學習鍛鍊以什麼作為綱要性的準繩呢？那就是精神，是以精神鍛鍊為實質，而肢體動作的鍛鍊則是輔助的。

想推用意終何在①，益壽延年不老春。
歌兮歌兮百四十，字字真切義無遺。②
若不向此推求去，枉費工夫貽歎息。③

【注釋】

①想推用意終何在：想推，「推想」的錯序措詞，為推研、推究思索之意，有譜作「詳推」，為「詳細推究」的意思。用意，意圖。如《論衡・順鼓》：「說者

用意異也。」終，到底、終究之意，如《墨子・天志中》：「欲以此求賞譽，終不可得。」何在，原為「在哪裡」的意思，這裡引申為「是什麼」。全句意為推究學練與終生鍛鍊的意圖到底是什麼呢？

②歌兮歌兮百四十，字字真切義無遺：兮，文言助詞，相當於現代的「啊」或「呀」，有譜作「歌兮歌兮百卌字」，卅（ㄒㄧˋ），意為四十。遺，有譜作「疑」，分別為「遺漏」和「疑問」解，均可。此兩句意為這首歌一共有一百四十個字（指前面二十句，後四句為總結），全部闡明了十三勢長拳的拳理，沒有遺漏一處明確的道理。

③若不向此推求去，枉費工夫貽歎息：意為習練者如果不像歌訣所述的那樣去研究追求，那就是白白耗費時間與精力，最後只能為達不到目的而歎息。

打手歌

掤攌擠按①須認真，上下相隨人難進②。任他巨力來打吾③，掤動四兩撥千斤④。引進落空合即出⑤，拈連貼隨不丟頂⑥。

【注釋】

按：本歌訣名為《打手歌》，一般認為是王宗岳所著《太極拳譜》中的四篇原文之一。打手，古時喻指精於技擊、勇敢善戰的人，如明·唐順之《敘廣右戰功》：「其酋楊留者無所歸，乃率其黨千餘人詣賓州應募為打手。」由此可見，古時所謂「打手」並非僅僅指「推手」，而是技擊、搏擊的功夫。《打手歌》也並非僅僅是關於推手的歌訣，其實質是包括散手等實戰應用的戰術思想，也是太極拳體用精要的濃縮。現代許多拳家把《打手歌》僅僅看作是關於推手的歌訣，這種解釋顯然是狹窄而片面的。

《打手歌》究竟為何人在何時所作，歌訣題名是後人所加抑或是原作者所擬訂？現在已無法確鑿考證。

沈壽在《太極拳譜》一書中記述：「其作者為王宗岳，最早是沒有爭議的。後經唐豪考據認為，《打手歌》當係王宗岳據前人著作潤改而成。」其理由為「陳家溝有四句及六句《打手歌》……隨後顧留馨應之，定《打手歌》為〈王宗岳修訂〉，但這畢竟屬一家之說，茲特錄以備考」。

僅有四十二個字的《打手歌》，完整地描述了從與對手開始接觸，至發勁攻擊的全過程，也是太極拳所有應用形式要求精煉的概括，它所闡述的戰術思想與行文風格與《太極拳論》完全一致，因此，此歌訣為王宗岳晚年所作是可信的。

①掤擴擠按：喻指太極十三勢，李雅軒曾說道：「掤擴擠按須認真，就等於說十三勢須認真。」

②上下相隨人難進：人，指對手或設想之對手。進，進攻，指攻擊到自己身軀中路。此句意為（我）身軀四肢都相隨於對手，對手就無從攻擊我的身軀。

③任他巨力來打吾：他，與第二句的「人」相同，指對手或設想之對手。巨力，巨大的力。打，攻擊，如《梁書・侯景傳》：「我在此打賀拔勝、破葛榮，揚名河朔。」吾，為「我」之意。

④掤動四兩撥千斤：掤，為「牽」之誤。牽，原意為引導、牽引等，此處意為借人之力，隨之由腰脊為主宰而帶領軀體轉動的動作。撥，擺弄、分開，如唐·白居易《香爐峰下新卜山居草堂初成偶題東壁重題》：「香爐風雪撥簾看。」千斤，喻指上句之「巨力」。

按：「牽動四兩撥千斤」是一武術技法術語，有簡稱為「四兩撥千斤」的。「四兩」何以「撥千斤」？「牽」與「撥」兩個字缺一不可，沒有了「牽」，別說「四兩」，就是四百斤也難以「撥」動「千斤」的。

牽，形聲字。從牛，「冖」像牽牛的繩，玄聲。本義為牽牛。《說文》：牽，引前也；《廣雅》：牽，引也。意為「引領向前」。鄭曼青先生在《十三篇》中引申其意說：「牽字之法，譬如牛重千斤，穿鼻之繩，不過四兩，以四兩之繩，牽千斤之牛，左右如意……然則，牛可以四兩之繩牽之，如千斤之石馬，亦能以四兩之朽索牽之乎？」由此可見，用「四兩」之繩能「牽動」千斤之牛，是源於牛本身向前的動力，如牛回頭撒腿就跑，「四兩」之繩根本難以「牽」得住。

回到拳術上來，鄭曼青先生接著說：對方以千斤之力對直來攻擊我的時候，他的來力是有方向的，我「牽其手之末，順其勢而斜出之，此之謂牽」。破環了對方的來力方向，對方的力會因此而落空，「則此時以勁撥之，未有不擲出尋丈之外者。然牽之之勁，只要四兩足矣」。上述所謂的「撥」可稱之為「順撥」。如對方感覺有被牽動，便蓄力而不再向前，並企圖往後抽脫之時，他的來力已經被挫，我「便捨牽之之勁，而反為發放，則彼未有不應手而倒」。上述所謂的「撥」，其意即為下句「引進落空合即出」，可稱為「反撥」。鄭曼青先生說：「以上種種，皆澄師口授指點之傳於曼青者，不敢自秘。」

⑤引進落空合即出：引，引導，「引」是不含主動的運動形式，它的動力來自於對方而不是自己，它是不丟、不頂、順著對方的力而動的，它的主動力量是對方感覺不到的。進，靠近，如《禮記・檀弓上》：「喪服，兄弟之子猶子也，蓋引而進之。」合，相符，如《孫子・九地》：「合於利而動，不合於利而止。」引申為「牽」「蓄」。出，引申為「發」。即出，立即出動，向對手發出攻擊。

⑥拈連貼隨不丟頂：拈連貼隨，為「沾連黏隨」之誤。沾，沒有主動動力的輕輕接觸。不丟頂，不離開接觸又不支撐，即「不丟不頂」，用李雅軒所說，就是「不丟是不脫離對方的手，不頂是不抵抗對方的手。」

中華民國二十三年二月初版

太極拳體用[redacted]

定價大洋三元正

外埠另加郵匯費

著者 廣[redacted]楊澄甫

校者 永嘉鄭曼青

代售處 上海[redacted]書局及
外埠各書局

NOTE

NOTE

NOTE

NOTE

NOTE

楊澄甫　太極拳體用全書

著　　者｜楊澄甫
校　　注｜邵奇青
策　　劃｜王躍平・常學剛
責任編輯｜于雷・胡志華

發 行 人｜蔡森明
出 版 者｜大展出版社有限公司
社　　址｜台北市北投區（石牌）致遠一路 2 段 12 巷 1 號
電　　話｜(02)28236031・28236033・28233123
傳　　真｜(02)28272069
郵政劃撥｜01669551
網　　址｜www.dah-jaan.com.tw
電子郵件｜service@dah-jaan.com.tw
登 記 證｜局版臺業字第 2171 號

承 印 者｜傳興印刷有限公司
裝　　訂｜佳昇興業有限公司
排 版 者｜千兵企業有限公司
授 權 者｜北京科學技術出版社
初版1刷｜2017 年 5 月
初版3刷｜2024 年 4 月

定　　價｜350 元

國家圖書館出版品預行編目（CIP）資料

楊澄甫　太極拳體用全書／楊澄甫　著；邵奇青　校注
—初版—臺北市，大展出版社有限公司，2017.05
面；21 公分—（武學名家典籍校注；2）
ISBN 978-986-346-158-6（平裝）
1.CST: 太極拳
528.972　　106003248